JN117704

嶋田美子

おまえが決めるな!

東大で留学生が学ぶ《反=道徳》フェミニズム講義

白順社

はじめに

この本は私、嶋田美子が二〇一七年より東京大学教養学部で開いているゼミ「一九六〇年代以後日本のフェミニズムとアート」を書籍化したものです。このゼミは東大留学生向けで、授業は英語で行われています。主に一学期だけ日本に滞在する外国人学生を対象とした講座なので、一三回で一九六〇年代後半から現在までをかなり濃縮して紹介しています。東大シラバスにある講座の目的は以下の通りです。

目的

日本にフェミニズムは存在するのか？ 国際的な男女平等調査で日本は世界一一六位（二〇二二年）ということで、日本では昔からそうだったと思われるかもしれません。しかし、日本には様々なフェミニズムが存在します。この講座では、戦前からの女性運動を簡単に紹介した後、一九六八年の学生運動から生まれた女性解放運動（リブ）に焦点を当てます。次に、一九七〇年代後半から現在までのフェミニズムを検証し、一九九〇年代の重要なフェミニズム・アートの実践、理論、展覧会を概観します。そして二〇〇〇年以降のバックラッシュと日本の現状を検証し、文化的実践を通じてそれを変革する方法を探ります。

書籍化にあたって

まず一つ言っておきますが、これが日本の「唯一の」「正しい」フェミニズム史だとは思わないでください。フェミニズムといっても色々ありまして、西欧では第一波から四波くらいまで歴史化されているようですが、日本ではそんなに綺麗に時間軸に沿って発展してきたわけではありません。むしろ山あり谷あり、断絶あり忘却ありで、このゼミはその谷の部分、あまり歴史化されてこなかったけれど非常に重要な部分に光を当てています。

一応日本でも一般的に受け入れられている「歴史」はあります。明治以後の近代化とともに女性の権利運動（いわゆる第一波フェミニズム、男女同権、女性参政権を主張）があり、その後もそれなりに成果をあげてきた、というのが日本フェミニズム史の主流と言っていいでしょう。しかしその一方で、性差や社会構造そのものを考え直そうとした文字通りラディカル（根源的、革新的）な女性解放運動（いわゆる第二波）もありました。こちらの方は女性史の中で長いこと見過ごされがちでしたが、このゼミではむしろそちらにフォーカスします。というのも、既存の枠の中での権利拡張、改良運動の結果が現在の残念な状況であるとすれば、むしろラディカルな問いかけを再検討する必要があると思うからです。また、主流の歴史はこれまでもたくさん本が出ていますので、このゼミではさらっと触れる程度です。興味があれば巻末参考文献リストを見て調べてください。

二つ目に重要なのは、このゼミは運動と文化的側面（アート）との関係性を重視するということです。一般的に、社会運動史と美術史は分けて論じられることが多いのですが、特に一九六〇年代を理解するとき、政治と文化の関係性は不可欠です。映画監督の足立正生も「六八年は政治の季節と言われているが、その源には文化の激動がある。政治だけを云々しても一九六八年はわからない」と言っています。特にフェミニズムにおいては、女性がどのように表象されてきたのか、また、女性がどのように表現してきたのかを、批判も含めて検証することが非常に重要です。「フェミニスト美術史」はえてして女性作家を無批判に顕彰することに走りがちですが、このゼミでは作品そのものをきちんとその時の社会的、思想的文脈の中で分析します。

三つ目の重要な点は、過去の歴史を現在にどのようにつなげるかということです。これまでに提起されてきた問題を現状に合わせてもう一度考え、実践に移すためには、まず今何が起きているのか、それは（マスコミも含めて）どう表象されているのか、そして何が隠され、忘却されようとしているのかを知らなければなりません。その上で、現状を変えるための方法と、それをどのように表現し、伝えていけるのかを一緒に考えたいと思います。

そのためにこの本は全体を二つに分けています。前半1〜5回は「歴史編」として主に六〇年代から九〇年代までのフェミニズムとアートの歴史を辿ります。そして後半6〜12回は「実践編」として主に二〇〇〇年以後のフェミニズムと表現の問題を検証します。と言っても、6回以後も九〇年代以後の歴史は論じられます。ただ、それ以前と比べて、特に二〇〇〇年代の政治、社会、フェミニズム、表現の問題は今も継続中であり、歴史化されていません。また、私のアーティストとしての活動が一九九〇年代から始まるので、その実践と関連させて考えていきます。

私自身はジェンダーや女性学の研究者ではなく、歴史学者でもありません。基本的にはアーティストですが、ここ十数年は一九六〇年代〜七〇年代の美術やオルタナティブ美術教育についての研究をしています。ですので、「歴史編」部分は六〇年代の抵抗文化研究が基軸となっています。フェミニズム史の部分は資料や先行研究が基になっていますが、その場合もアカデミックな理論だけではなく、当時を知る人の記録やマスメディアの情報などをできるだけ参照しています。後半「実践編」の部分は、基本的にアート作品を作り、発表する中での私の体験や実感が基になっています。

本来のゼミでは、講義のほか、展覧会鑑賞、中嶋夏さんによる舞踏のワークショップ、いちむらみさこさんによるオリンピック前の渋谷のジェントリフィケーションについてのフィールドトリップを行いました。実際に体を動かしたり、作品や街に触れたりするのは生徒たちにとって非常に有意義なのですが、これらを書籍で再現するのは困難なので、残念ですが紹介するにとどめます。

＊目次

歴史編

第1回 戦前・戦中・戦後の日本におけるフェミニズム

第2回 1960年代ラディカリズムと女性

第3回
1970–75: 第二波フェミニズム
ウーマンリブと中ピ連

第4回
1960–75: アンダーグラウンド
カウンター・カルチャーと女性アーティスト

第5回
1975-80年代：上からの改革と消費文化

実践編

第6回
1990年代以降：アカデミック・フェミニズムとフェミニスト・アート

第7回 「慰安婦」問題

第8回 2000年以降:バックラッシュ

第9回 教育・美術のジェンダー格差とハラスメント

第10回 検閲という相対主義

第11回 表現の不自由とフェミニズム

第12回 2019年以降：Me too後の日本のフェミニズム

まとめ 今後日本のフェミニズムとアートはどこへ？

歴史編

第1回
戦前・戦中・戦後の日本におけるフェミニズム

今回は、まず前史として明治以後の日本の女性運動を駆け足で紹介した後、それが戦後に残した問題点についてお話しします。

明治～大正フェミニスト集団――第一波フェミニズム

明治維新（一八六八年）以後、アメリカやヨーロッパ諸国から男女平等や女性の権利に関する思想が導入されました。でもこれは明治政府が人権思想に目覚めたからではありません。政府は国家の基本単位としての「家族」を近代化するため、家庭教育を重視しました。それまでの封建社会では武家階級の母親は家系を絶やさないために子供を産むのが最も重要な役目で、子育ては乳母や教育係に任せるのが普通でした。一方庶民や農民階級では母親は仕事に追われて家庭教育どころではありませんでした。しかしながら、近代国家として発展するには、子供たちが立派な「少国民」となるように母親に近代教育を施し、「良妻賢母」として家庭を衛生的、効率的に切り盛りし、子弟を指導できるようにさせるべきだと明治政府は考えました。もちろんこれは中流以上の階級に限られますが、それまで「嫁」「妻」として家族のヒエラルキーの一番下でただ家長や親の言うことを聞いて家事をこなしていたのが、「主婦」として一家を切り盛りして子供の教育にも携わるという「近代女性」としての自覚と責任が課せられたのです。もちろんこれは家制度を補強こそすれ脅かすものではありませんでしたので、女子教育といっても、良き妻、母としての心構え、そのための近代化された家事や家計、裁縫、多少の文化的素養などが主でした。

しかし、明治中期以後には、このような上からの近代化のみではなく、海外からの書籍や留学などで人権思想に目覚めた民間の女性たちが新たな運動を起こすようになりました。

明治～大正期の女性運動の代表的なグループは、大きく分けて三つあります。

一．キリスト教宣教　矯風会（一八八六年設立）
二．女性参政権運動　新婦人協会（一九一九年設立）、日本婦人参政権協会（一九二一年設立）
三．「新しい女性」のための文芸誌　『青鞜』（一九一一年青鞜社設立）

江戸時代に禁止されていたキリスト教は、明治政府の近代化政策の一環として一八七三年に解禁されました。一八八六年にアメリカのプロテスタント系女性禁酒会の日本支部として矯風会が矢嶋楫子らによって設立され、一八九〇年頃より廃娼運動に本格的に関わるようになりました。矯風会はキリスト教道徳に基づく「純潔・禁欲」を信条とし、一夫一婦制の強調、家庭内での男女平等などを訴えました。主要なメンバーは、ほとんどが高等教育を受けた上流階級の女性で、政治的な改革を求めるというよりも、キリスト教道徳を基にした上からの「弱者救済」という面が強調されました。

一方、政治的権利に目覚めた女性たちは参政権を求め、一九一九年には市川房枝、奥むめお、平塚雷鳥らが新婦人協会、一九二一年にはガントレット恒子らが日本婦人参政権協会を設立しました。一九二一年、市川は女性問題の研究のために渡米し、帰国後一九二〇年代から三〇年代にかけて婦人参政権運動の中心的な役割を担いました。しかし、彼女らの運動も及ばず、女性の国政参加は第二次世界大戦後（一九四五年）、占領下の米軍当局によって認められるまで実現しませんでした。

戦前の女性運動でまず頭に浮かぶのは平塚雷鳥が編集した文芸誌『青鞜』（一九一一－一六）でしょう。寄稿者は与謝野晶子（一八七八－一九四二）、岡本かの子（一八八九－一九三九）、国木田独歩の妻・国木田治子（一八七九－一九六二）、高村光太郎の妻・長沼智恵子（一八八六－一九三八）、伊藤野枝（一八九五－一九二三）、神近市子（一八八八－一九八一）ら「新しい女性」と称された女性文筆家やアーティストでした。初期メンバーは、芸術・教育などに携わる中産階級家庭出身者が多く、創刊号の表紙は、後に彫刻家・詩人の高村光太郎と結婚する若き芸術家、長沼智恵子がデザインしたもので、ウィーン分離派の作品が元になっています。詩人としての高村光太郎の代表作は、妻へのオマージュである『智恵子抄』ですが、智恵子は、高村光太郎のミューズでありながら、自らは画家として活動できないことに不満を抱き、精神を病んでしまいました。

当時『青鞜』はセンセーショナルに書きたてられました。平塚に憧れて青鞜社に入った尾竹紅吉という日本画家の娘で自身も画家の若い女性が、男装し、平塚との同性愛を謳い、「五色のカクテル」をバーで飲んだ、ということが大スキャンダルになりました。平塚自身も、一九〇八年、既婚者である小説家の森田草平と駆け落ち事件を起こしており、伊藤野枝も一九一二年に親の決めた結婚から逃げ出して女学校の先生だった詩人の辻潤と同棲するなど、「自由恋愛」を実践する『青鞜』の女性たちはマスコミから自己中心的で、文学を愛し、酒を飲み、タバコを吸い、男をもてあそぶ女と揶揄され、真面目な女性運動家たちからも批判されました。これは後年一九七〇年代のウーマンリブや中ピ連へのバッシングを思い起こさせます。

彼女たちの結婚、離婚、婚外子出産などのスキャンダルによって、彼女たちの著作の内容が霞んでしまい、それらが正当に評価されなかったとの指摘もあります。しかし、彼女たちの私生活や行為をその著作から切り離すことはできません。彼女たちの恋愛や、離婚、出産は、それまでの封建的な「家」に真っ向から対立するものであり、彼女たちの思想を具現化したものでした。すなわち「スキャンダル」自体が彼女らの作品とも言えますし、その私生活自体が体制を揺るがすものであったという意味で、彼女たちは「個人は政治的である」と主張した七〇年代の第二波フェミニストの先駆者でありました。

三人のアナキスト・フェミニスト

近代化とともに、民主主義、社会主義、無政府主義など新しい思想も広がりました。一般的に「大正デモクラシー」と呼ばれる動きです。これには一九一一年の辛亥革命（中華民国設立）や一九一七年のロシア革命が重要な影響を与えました。社会主義者、アナキストの中にも赤瀾会など女性グループが生まれましたが、その中でも特に、体制に抗って命を落とした管野須賀子、伊藤野枝、金子文子を取り上げます。

管野須賀子（一八八一－一九一一）、**通称スガ**

管野はアナルコ・フェミニストで、本業はジャーナリスト。ジェンダー抑圧に関する一連の記事の著者であり、男女の自由と平等な権利を擁護しました。一〇歳の時に母親を亡くし、継母から虐待を受け、一五歳のときに継母の差し金により鉱夫にレイプされました。

一九〇六年、管野は『牟婁新報』の編集者となり、社会主義者の荒畑寒村と親しくなりました。二人は一九〇八年、無政府共産主義者の集会に参加したかどで逮捕されましたが、管野は二カ月で釈放され、荒畑はそのまま収監されました。その間、管野は社会主義者でありアナキストでもあった幸徳秋水と新たに交際を始めました。一九一〇年、幸徳らは大逆事件*に関与したとして、政府から謀反の疑いをかけられ、一九一一年一月二五日、管野は二九歳の若さで絞首刑に処されました。近代日本の歴史上、政治犯の身分で処刑された最初の女性です。

伊藤野枝（一八九五－一九二三）

伊藤は一八九五年一月二一日、九州の福岡に近い糸島で生まれました。貧家に育ちましたが、

▲管野須賀子

▲伊藤野枝

＊大逆事件　一九一〇年、長野県の宮下太吉宅を捜索した警察は、爆弾の材料となるものを発見し、僧侶、アナキスト、社会主義者たちを共犯者として逮捕した。これは全国的な明治天皇暗殺の陰謀とされ、結局、刑法第七三条違反（天皇または皇族に危害を加え、または加えようとした）の罪で、二五人の男と一人の女が裁判にかけられた。一九一一年、状況証拠しかなかったが、二六人中二四人に死刑が宣告された。このうち一二人は翌日、大赦により終身刑に減刑された。残りの一二人のうち一一人は六日後に処刑され、最後の一人、管野はその翌日に絞首刑に処された。この後、国家体制に反対するイデオロギーに対する統制と弾圧が強化された。この事件は、一九二五年に悪名高い「治安維持法」が制定された要因の一つとしてよく挙げられる。

彼女は高等教育を志して上京。上野女学校在学中に、英語の教師でダダイストの詩人でもあった辻潤と親交を持ち、辻に支えられながら、親に決められた婚約を解消し、学業を続けました。

一九一二年一〇月、青鞜社に入社し、一九一五年に平塚の後を継いで編集長に就任しました。伊藤の編集で『青鞜』は堕胎や売春の合法化、自由恋愛や母性愛など、幅広い議論を誌面に展開し、より過激な雑誌となり、天皇を中心とする国家秩序を脅かすものとして、発禁処分を受けました。

一九一六年からアナキスト大杉栄と行動をともにし、女性運動でリーダーシップを発揮しながら活動を続けていきました。伊藤は日本の政治体制に強く批判的な立場であり、特に天皇を神であり、絶対的な存在として自動的に国家に従う日本人のあり方を批判しました。

一九二三年九月一六日、関東大震災直後の混乱の中で、伊藤、大杉、六歳の甥は、甘粕中尉率いる憲兵隊に逮捕、暴行、絞殺され、その死体は古井戸に投げ込まれました。甘粕はこの殺人事件で二年間服役の後、一九二六年に昭和天皇から恩赦を受け、満州国へ渡り、満州映画協会理事長となりました。

伊藤はその短い生涯の中で、エマ・ゴールドマンの論文や伝記の翻訳を数多く手がけ、辻潤、大杉栄との間に六人の子供を残しました。

金子文子（一九〇三－一九二六）

金子は横浜寿町で私生児として生まれました。一九一二年、叔母の養女になるため朝鮮に送られましたが、祖母と叔母から奴隷同様の極めて劣悪な扱いを受け、また、日本人による朝鮮人への同様な虐待を目の当たりにして強い衝撃を受けました。一九一九年、一六歳のとき帰国、一九二〇年に東京に移り住み、働きながら勉強を続けました。一九二二年、文子は朴烈（パクヨル）という朝鮮人活動家に紹介され、お互いの考えに共鳴し合い、二人は一九二二年から一九二三年にかけて、「不逞社」という団体を設立しました。一九二三年九月、関東大震災が発生し、多くの朝鮮人・社会主義者が虐殺される中、*政府は社会主義者やアナキスト、朝鮮人を大量に逮捕し、その中に朴と文子

▲金子文子

＊関東大震災虐殺事件（一九二三年）　震災後、内務省は戒厳令を発令し、全ての課の警察署長に治安維持を最優先させるよう命じた。震災に乗じて朝鮮人が井戸に毒を盛っているなどというデマが流された。地震後の混乱の中で、東京や横浜の都市部では、自警団による朝鮮人の大量殺戮が行われた。独立系の報道によると、死者の数は六〇〇〇人から一万人に及んだという。自警団は都市部に検問所を設置し、韓国語訛りの日本語を話す住民を殴打、殺害した。自警団による殺人は、陸軍と警察が共謀して行われた地域もあった。さらに、中国人や沖縄人も同じ目に遭い、約七〇〇人の中国人が殺された。平沢計七らの社会主義者、大杉栄や伊藤野枝らの無政府主義者、中国人の共同体リーダーである王希天は、過激派がこの危機を日本政府転覆の好機とすると主張した地元の警察と帝国陸軍によって誘拐され殺された。

もいました。文子と朴は、皇太子殺害を意図して爆弾を入手しようとした大逆罪で有罪判決を受けました。裁判中、文子は『何が私をこうさせたか』と題した自分の半生を書き記し、判決の数日前に朴と法律上の結婚をしました。二人は当初死刑を宣告されましたが、勅許により無期懲役に減刑されました。しかし、文子はこの恩赦を拒否、恩赦状を破り捨て、天皇に感謝することを拒み、一九二六年、独房で自殺したとされています。朴は獄中で生き延び、戦後釈放されました。

この三人の女性たちには全員天皇制に抗って殺されたということのほかに、いくつかの共通点があります。

一つは、幼少期の貧困、トラウマです。キリスト教系、婦選系フェミニストの多くが中・上流階級出身（特に平塚雷鳥は父親が高級官僚のお嬢様育ち）で高等教育を受けていたのに対し、彼女たちは中流以下でしかも複雑な家庭出身です。三人とも家庭内暴力を受け、見合い結婚を強制させられていました。自立するため、教育を受けるためには家を捨てて上京し、死に物狂いで働かなければなりませんでした。したがって彼女たちの平等と社会変革への願いは、単に欧米のセオリーを「お勉強」した結果ではなく、現実と彼女たちの生活体験に根ざしていたのです。

二つ目は「自由恋愛」です。三人とも見合い結婚の最初の夫のもとを去り、既婚男性と不倫したり複数の男性と同時に関係を持ったりしています。彼女たちの行為は、時に同志や仲間のフェミニストたちからさえも、不道徳だと厳しく批判されました。しかしながら、一九四五年以前の法律では、妻の不倫は犯罪で懲役二年以下なのに夫の不倫は犯罪でも何でもなく、多くの政治家が妾を持っていました。女性の自由恋愛は家父長的家族制度の否定であり、国家と天皇制に対する直接的な脅威だったのです。

そして最後に「反天皇制」。管野と金子は大逆の罪を着せられ、政府に殺されました。伊藤は国家にとって危険であると判断され、軍部に暗殺されました。大逆事件も金子・朴の皇太子暗殺計画もでっち上げでしたが、管野も金子も天皇制（＝父権家族制度）を日本の男女・人種差別の根源と断罪しています。社会主義者・アナキストや朝鮮独立運動に対する警察の暴力が強まる中、彼女らは天皇制の廃止という直接行動が状況を変える唯一の方法であると考えたのです。

関東大震災後、一九二五年五月一二日に治安維持法が施行されました。この法律では「国体（天皇制であれ政府であれ）または私有財産制度を変更する目的で結社を結成した者、およびその目的を十分に知りながら結社に加入した者は、一〇年以下の懲役または禁錮に処する」という規定があり、政治的な抵抗は全て「国体変更」の烙印を押される可能性がありました。このようにして、政府はいかなる形の反対意見も非合法化する白紙委任状を手に入れたのです。

一九二八年、警察はこの法律に基づいて一六〇〇人以上の共産主義者や共産主義の容疑者を逮捕し、同年、反共産主義の田中義一内閣は、この法律を改正し、最高刑を一〇年から死刑に引き上げることを強行しました。内務省には、社会主義者や共産主義者の活動を監視する「思想警察」（特高）が設置され、日本各地と日本人の多い海外に支部が置かれました。また、文部省には学生課が置かれ、大学の教授や学生を監視し、法務省には「思想検事」が置かれ、思想犯を処罰したり、再教育によって「転向」を強制したりしました。その結果、社会主義者はじめ急進的な思想を持つ人たちは根こそぎ逮捕され、その多くは刑務所内で亡くなるか転向を余儀なくされました。芸術関係でもシュルレアリストの詩人、瀧口修造が逮捕、拘束されています。

第二次世界大戦——フェミニストの翼賛

「第二次世界大戦」というと連合国との戦い（一九四一～四五）と思われがちですが、アジアにおける日本帝国の植民地支配、軍事侵攻は二〇世紀初頭から継続していました。日本の近代化は自由民権、男女平等思想をある程度受容しましたが、政府にとって近代化の一番の目的は日本を欧米列強に比肩しうる「帝国」にするということでした。

一九二九年に起きた世界恐慌は翌年日本に波及し、日本経済は急激に悪化しました。日本は中国侵攻に打開策を見出そうとし、一九三一年に柳条湖事件、満州事変を起こし、翌年満州国を設立。一九三二年には上海事変を起こし、日中の軍事衝突は決定的になりました。その後太平洋戦争へ至る道はたくさんの本や資料がありますので、そちらに当たってください。ここでは戦争下の日本女性の動員に焦点を当てます。

戦争になだれ込んでいく中で、第一波フェミニストたちはどう対応したのでしょう？

残念ながら、多くの社会主義傾向の女性運動家は治安維持法で投獄され、弾圧されており、女性運動家として反戦活動に身を投じた人はごく少数です。エスペランティストの長谷川テルは反戦、反日本帝国主義を貫いた女性で、中国で抗日ラジオ放送に従事しました。

フェミニストの中には、軍事政権に協力することを選択した人たちがいました。平塚雷鳥と市川房枝もそうでした。平塚は若い頃から禅や神道を研究しており、「スピリチュアル」に傾く下地があったのですが、戦争中の著作では天皇制に母神としての女性像を重ね合わせています。日本の天皇制は「天照大神」（太陽を司る女性神）に直結しており、平塚も天皇は「天照大神生き通し」である、と言っています。すなわち天皇は軍隊のリーダーとしての男性的な顔と、日本国民を「天皇の赤子」として包み込む「母」としての女性的な顔の二つの顔を同時に持っていたのです。平塚は、日本の女性が「国母」となることで、国家から疎外されることなく、天皇／国体に近づくことができると考え、そのためには、「よりよい子」（＝国家に貢献できる子供）を産むことが女性の責任であると主張しています。これは優生学と危険なほど類似した発言で、女性の権利と地位向上のために闘ってきたはずの明治のフェミニストたちは、いとも簡単に天皇制に取り込まれてしまったのです。

一方、市川が戦時体制を支持したのは、もっと合理的かつ現実的な理由からです。男性が戦争に行ってしまうと、職場や地域社会活動などに女性が進出せざるを得ません。市川はこれを女性の公的な役割を拡大する良い機会だと考えました。もともと彼女は女性参政権運動に熱心でしたが、中国戦線が拡大すると軍部に「遠慮して」婦選運動を中止し、その代わりに国家のために一致団結して活動する女性の団体を作ることに奔走します。市川は平塚のように心情的に天皇制と一体化したわけではありませんが、彼女にとって国家の中で女性の権利を拡大することと軍事国家体制に協力することは全く矛盾していません。いくつかの女性団体は最終的に大日本婦人会（一九四二〜四五年）にまとめられ、市川はその顧問に任命されました。このほかにも大日本言論報国会の理事になるなど、彼女は女性がリーダーシップを発揮して「銃後」を守ることによって公民として国家に貢献することに邁進しました。

市川はこれらの体制への協力により、戦後一時的にパージ（公職追放）されました（一九四七－五〇年）。パージから解放された後、新日本婦人の会が結成され、新憲法で婦人参政権が認められると、一九五三年から一九八一年まで（一度の落選をはさみ）長きにわたり参議院議員を務めました。一方、平塚は公職には就かなかったため、パージはされませんでした。戦争が終わると即座に女性運動に復帰します。平和の擁護者となった彼女は、「全ての母の切なる願いは、自分たちが生み出した生命を育て、守ること」をスローガンとする母親大会を主導しました。

二人とも自伝などで特に戦時中の翼賛について反省はしていません。市川は「ある程度戦争に協力したことは事実ですからね。その責任は感じています。しかし、それを不名誉とは思いません。（中略）私はあの時代のあいう状況の下において国民の一人である以上、当然とはいわないまでも恥とは思わない」（「（中略）」は引用元原文）と言っています。▼1 二人にとってフェミニズムは一方では女性の「公民」化と権利の拡張、一方では母性（女性性）の称揚が最も重要な目的となっていて、戦時中も戦後もその本質は変わっていないのです。しかし、それがどのような結果を生み出したかということにはあまりに無頓着です。

歴史の記憶喪失（Historical Amnesia）

八〇年代末頃まで、市川と平塚の戦時中の体制翼賛については、あまり話題になりませんでした。戦後に構築された「歴史」では日本の女性や子供は戦争の犠牲者であるとされており、「平和運動」も日本国内の犠牲（広島、長崎、各地の空襲、飢餓など）を繰り返さない、憲法第九条を守りましょうという主張が主でした。市川と平塚も戦後はリベラル平和運動の旗手として活動していましたから、彼女たちの戦時中の非をわざわざ蒸し返すことはされませんでした。

同時に、戦前権力によって殺されたより過激な無政府主義、社会主義の女性たち（管野、伊藤、金子）のことはほとんど忘れられていました。日本のフェミニズムの歴史においても、市川や平塚に比べ、彼女たちの名前が言及されることはほとんどありませんでした。管野、伊藤についてば政治思想史で言及されることもありましたが、フェミニストとしての研究が始まったのは七〇年代になってからです。金子については、二〇二一年に九九歳で亡くなった瀬戸内晴美が一九七二年に発表した『余白の春』によってやっと一般にその名が知られるようになりました。青山学院大学教授で歴史家のチェルシー・センディ・シーダーは、これを「歴史的健忘症」と名付け、特に戦時中のフェミニストの体制翼賛・母性主義を厳しく問わなかったことが、いかに一九六〇年代の学生運動におけるラディカルな女性たちや第二波フェミニズムに（悪）影響を与えたのかを論じています。

第2回

1960年代
ラディカリズムと
女性

戦後から一気に一九六〇年に飛びます。

四〇年代、五〇年代にはGHQ（連合国最高司令部）による「民主化」政策の一環として上からの女性解放があり、それによって実施された選挙によって女性が政治に進出しましたが、前回で述べた通り、そこでリーダーシップをとったのは戦前の第一波フェミニズムの市川や平塚でした。それに加えて共産・社会主義政党も復活しましたが、その中での女性運動の地位はあくまで「党の中の婦人部」という構図でした。新たな女性運動が始まるのは六八年を待たなくてはなりません。

同様に、芸術においても、主流は戦前からの流れをくむモダニズム絵画で、一九五〇年代に共産主義に影響されたルポルタージュ絵画や木版画運動などの動きはありましたが、富山妙子、赤松（丸木）俊子、いわさきちひろら、ごくわずかの例外の他は圧倒的に男性アーティスト主導の運動であり、方法論的にも、戦前のプロレタリア絵画や社会主義リアリズムの継承でした。

一九六〇年安保闘争

六八年の前提として一九六〇年安保闘争があります。

日米安全保障条約、通称「安保」は、戦後の東アジアの秩序を確立したサンフランシスコ講和条約が調印された一九五一年に締結され、一九五二年に発効しました。それまで日本は連合国の占領下にありましたから、安保条約は、日本の独立との交換条件だったわけです。この条約は日本が攻撃を受けた場合、アメリカが防衛に協力することを約束し、見返りとして日本が在日米軍の基地や港を提供するものです。一九六〇年に新たな安保条約の発効を控え、日本共産党、日本社会党、全学連（全日本学生自治会総連合）が中心となり大規模な抗議デモやストライキを組織しました。

一九五九年、新左翼の学生団体「ブント（共産主義者同盟）」が全学連を掌握しました。ブントは既存の古い政党体制とは一線を画し、旧来の整然としたデモや議会主義を批判しました。ブントは自発的な直接行動を主張し、一九五九年一一月、機動隊の隊列を圧倒し、史上初めて国会議事堂に乱入しました。これに対して共産党は彼らを「トロツキスト」*と批判し、新旧左翼の対立構造が明らかになりました。国民的な反対運動にもかかわらず、絶対多数の自民党は国会会期を

＊この頃から日本共産党（旧左翼）と学生ら新左翼の対立が激しくなった。学生は共産党をスターリニスト（教条主義者、官僚主義者）呼ばわりし、共産党は学生らをトロツキスト（党に従わない永久革命論者）と批判した。彼らの対立は六〇年代末にかけて加速した。

短縮し、一九六〇年五月一九日（二〇日未明）に衆議院で強行採決を行いました。一九六〇年六月一五日、東京大学の女子学生でブントメンバーの樺美智子（一九三七－一九六〇）が棍棒や放水銃で武装した警察によって殺害され、マスコミは彼女を戦後民主主義の生贄となった「聖少女」として大衆の同情を喚起させ、反対運動はいやが上にも盛り上がりましたが、当時の岸内閣は参議院での審議を行わず、だんまりを決め込んだまま六月一九日の自然成立に持ち込みました。これほどの大きな反対運動がありながら、対話も対決もなく成立させてしまうというアンチ・クライマックスに国民は呆然としてしまいました。

安保が発効された後、岸内閣は総退陣し、ブントも解散しました。もともと緩やかなつながりの組織であり、反安保運動で会員が大幅に拡大したため、抗議対象がなくなった後の存続は困難でした。岸の後釜の池田新首相は政治問題より経済を優先させ、国民も「所得倍増計画」を受け入れて日常生活に戻り、大多数の学生は通常の「キャンパスライフ」に戻りました。しかし、一部の学生たちは、新たな変革を求め、自律的な学生運動を次の全共闘世代に引き継ごうとしました。

全共闘運動

一九六八－六九年の大学闘争は、ノンセクトの急進的学生組織である「全共闘（全学共闘会議）」

の出現によって特徴付けられます。ここでちょっと全学連と全共闘の違いに触れておきますと、全学連は「全日本学生自治会総連合」の名の通り、各大学の自治会の代表によって構成される団体です。全学連は一九六八年までに三つの派閥（セクト）に分裂し、それぞれが全学連を名乗る正当性を主張していました。この三派は、主要大学の学生自治会の覇権を争い、互いに反目しあい、暴力的に対立することもありました。一方全共闘は、自治会の代表を通さず自分たちの手で直接運動に参加しようという個人の集まりでした。その組織の基本は個人の自主的な判断で参加し、全ての問題を集団で議論するという直接民主主義でした。実際には全共闘の中にも全学連セクトが混在していたのですが、六八年学生運動の高揚は全共闘運動の思想があったからと言えるでしょう。

一九六八年、東京大学と日本大学の全共闘が、この運動の象徴となりました。具体的な問題（東大医学部のインターン制、日大の不正経理問題）に対する抗議として始まったこの運動は、いわゆる「一般学生、ノンポリ」（それまで政治活動に関心のなかった学生）を巻き込み、既存の社会秩序に対する闘いへと急速に発展していきました。学生たちが大学の構造自体に疑問を抱き、教育の名の下に自分たちが組織的に搾取されていることを理解し始めたのです。一九六〇年代の経済成長は、第二次産業、さらには第三次産業の労働力を必要とし、同時に中産階級の家庭が子供を大学に入れることを可能にしました。一九六八年、日本では七四万人が大学を受験し、二八万人が入学できませんでした。大学教育は、もはや一部のエリートのものではなく、急拡大する資本主義経済の歯車となる下級ホワイトカラー労働者（サラリーマン）を大量に生産するためのものになりました。

一方、東京大学をはじめとする旧帝国大学に対しては、財界と提携したエリート研究機関として機能する「産学協同」体制が進められました。その中で学生・研究者の一部は自分たちの特権的な地位や、新たな日本の「資本帝国主義」との密接な関係に疑いを持つようになりました。全共闘学生の間では「自己否定」がキーワードとなりましたが、それはエリート大学生の特権的地位の否定にとどまりませんでした。元全共闘の長崎浩は、自己否定は罪悪感の産物ではなく、社会的な定義からの解放であると述べています。[1] それによって、個人の自由は、革命運動を通じて大衆の自由に直接的につながると想像されたのです。学生であることを放棄して肉体労働者になった学生もいますが、実際にはユートピア的なビジョンに終わるのが大半でした。しかしながら、バリケードで囲まれたキャンパス内では、一瞬、解放されたコミューンを持つことができたわけです。

学生運動の中の女性

樺美智子（一九三七－一九六〇）

樺の死はセンセーショナルに報道され、「無垢な犠牲者」「聖少女」として彼女の死を闘争のシンボルとし、民衆の共感を喚起するのに利用されました。多くの報道では彼女がブントの活動家であることには触れられず、彼女のラディカルな思想は意図的に隠されました。チェルシー・シーダーはこれを「ナイーブ・ポリティックス」と呼んでいます。[2] それは女性は政治的に「ナイーブ（素朴）」であり、論理的で難解な思想の基に活動をするのではなく、「女性ならでは」の感性をもって政治参加するという非常に強力な考えであり、戦略でもあります。女性が政治的主張、政治的発言をするとき、「家庭・家族を代表して」政治参加するというのは、今日の日本の政界においてもいまだに効果的な方法です。シーダーによれば、戦後女性に政治や教育への参加が許されたのは、女性の関与は「男らしい」政治に対して「優しい影響力」を及ぼし、戦争を防止するという考えがあったからです。しかしこれも戦時中の女性の軍国主義国家支援の事実を無視する「歴史的健忘症」の上に成り立っています。またこれは、女性は本来的に平和主義者であるという本質主義を無批判に受け入れています。

▲柏崎千枝子
（撮影：渡辺眸）

柏崎千枝子（ゲバルト・ローザ、一九四三－）

学生として全共闘運動に参加した女性で、最も有名なのはゲバルト・ローザとあだ名された柏崎千枝子でしょう。柏崎は東京大学大学院で国際政治学を専攻し、毛沢東主義的なマルクス・レーニン主義者同盟に属する学生解放戦線（ＳＦＬ）のメンバーでした。一九六七年一〇月八日、羽田空港での反ベトナム戦争集会での警官との闘争で京都大学の学生、山崎博昭君が死んだと聞いた柏崎は「私が山崎君を殺した」「ベトナムの流血とわが政府がアメリカの侵略を支持していることを知りながら、何もしなかったのは警察ではなく私だ。キューバ革命の本に頭を埋め、自分の学歴に意味があるかもしれないと考えていました。しかし、東大という教育システムそのものが、この資本主義・帝国主義システムを支えており、この帝国大学のシステムを内部から破壊しなければならないと思いました」[▼3]と記しています。

柏崎はゲバ棒を手にした数少ない女子学生の一人で、東京大学駒場キャンパスでバリケードを築いたストライキ学生の中でも一目置かれる存在でした。これは彼女が博士課程にあり、他の学生より年長（六八年当時二五歳）で既婚者だったこともあるかもしれません。当時一八、一九歳の学部一年生にしてみれば、博士課程の二〇代半ば、それなりの人生経験もある女性は自分たちよりずっと「大人」に見えたでしょう。一方で彼女は、樺美智子の母親と面会したり、国際婦人デーのデモに参加したりするなど、女性運動にも積極的に参加していました。

柏崎は一九六八年に逮捕され、獄中で『太陽と嵐と自由を――ゲバルト・ローザ闘争の手記』を出版、この本は当時のベストセラーとなります。しかしながら裁判以降、柏崎は表舞台から姿を消してしまいます。東京大学全共闘議長の山本義隆がマスメディアにフォローされる一方で、一九六九年以降、誰も柏崎に注目しなくなりました。その後彼女がどうなったか確かな情報はありません。

所美都子（一九三九年一月三日－一九六八年一月二七日）

柏崎のような直接行動ではなく、思想面で全共闘運動に強い影響を与えた女性として、所美都子がいます。所はお茶の水女子大学・大学院で生物学を修め、東京大学ベトナム反戦会議に参加し、山本義隆ら東京大学の新左翼活動家と親交を深めました。彼女は、吉本隆明、谷川雁、森崎和江、高群逸枝、ジャン＝ポール・サルトル、シモーヌ・ド・ボーヴォワール、シモーヌ・ヴェイユといった理論家、活動家、思想家たちの著作から影響を受け、一九六六年のエッセイ『予感される組織に寄せて』ではヒエラルキーのない、強制的でない組織を提唱しました。また、彼女は集団の中の差異を解決するために「終わりのない議論」を提案しました。これは人々が問題を継続的に議論することで、全員を一つのグループに隷属させるのではなく、グループ内に異なる意見が存在するのを許すことを意味しています。しかし、同時に彼女は細分化された個人行動のみではなく、集団行動こそが変革を可能にすると確信していました。これは個人としての参加と直接民主主義を標榜した全共闘運動の軸となるものでした。

もう一つ、所は「女性理論」を提唱しました。「女性理論」とは、「育み（nurturing）」を政治に取り入れ、政治を、華々しい「世界史のイベント」としてではなく、日常のケアのレベルで理解する試みです。当時彼女はベトナム戦争という問題に焦点を置いて考えていましたので、これは六〇年代における経済的合理主義の過剰な重視、またそれに含まれるより合理的に人を殺すための軍事研究に対抗するための理論でもありました。所の言う「育み」とは、例えば黒人の武装蜂起としてとらえられがちなブラック・パンサーが、実は黒人コミュニティの中で、給食や保育・教育をコミュニティ全員で議論し、協力して行うことによって、差別システムから独立した社会を創生しようとしていたということとつながります。革命は戦いのみではなく日常の営み、育み合いから始まるという思想です。「自由空間」としてのバリケードはある程度この理想を実現しようという試みでした。

しかし、所の「女性理論」の軸である「育む性」というのは本質的に女性のものであるというジェンダー規範に基づいています。所は男性も「女性理論」を取り入れることができ、女性も「男性理論」を取り入れられると主張しました。しかしながら「女性・男性」という性別二元論を原点とし、組織論を「女性性」によって解釈しようとする試みは、現在のジェンダー論からするとあまりに単純、ステレオタイプのそしりを免れないでしょう。残念なことに所は、一九六八年に自己免疫疾患で若くして亡くなってしまいました。その後のリブ、フェミニズム理論を経て現在の「ケア」理論にまで到達していれば、彼女の「女性理論」もより有効性を持ったかもしれません。

運動の中の女性は数が少ないこともあり、マスコミによって男女の性役割に基づくステレオタイプに単純化されがちです。一つは樺美智子に代表される「聖少女」――か弱い犠牲者、守られるべき存在――というイメージ、もしくはゲバルト・ローザのように「男並み」に闘える女らしくない、怖い女のイメージ。樺美智子は実はラジカルな組織にも属していた「男並み」の活動家だったのですが、死後は無垢な少女、「共感（エンパシー）」のシンボルとされてしまいました。そしてもう一つは運動の中の女性役割を担う「ハウスキーパー」――時には性的な「処理」も引き受けさせられる――です。このような性役割に疑問を呈したのがリブなのですが、その前にここで問題になっている「女性役割としてのケア」について考えてみましょう。

Who cares?――誰がおにぎりを握ったのか

当時一般四年制大学では女子学生はまだ少数派で、一部の超エリートの他は「花嫁修業」の一環として女子大または二年制の短大に行く者がほとんどでした。マスコミでは「女子大生亡国論」が喧伝され、女性に高等教育を施すのは無駄である、女子を受け入れることで日本の大学の質が落ちるという議論が盛んに行われました。一般社会では女性差別はデフォルトで、それは解放の場であるはずのバリケードの中にも反映されました。

当時九州大学全共闘だった女性は「バリケード内では、他の男子学生に炊事を押し付けられた。抗議すると全員の当番制になったが、ショックだった。既成の秩序や考え方にあらがう同志でさえも、男に仕える『カノジョか飯炊き』の役回りを求めていた」「結局、全共闘って元気な男の子の運動だったんですよね」と述懐しています。▼4

フェミニスト学者として知られる上野千鶴子は、学生運動時のバリケード内では女子学生が「おにぎりを握らされた」ことについてしばしば言及しています。こうした「男性の運動」に対する反発が一九七〇年代の女性解放運動の原動力になったということは、今では定説となっています。なんだかとても座りのいい話なのですが、ことはそんなに単純だったのでしょうか？大学に進学するのは圧倒的に男性が多かったとはいえ、実際には、女子大では運動の主体となった女子学生も多く、また、女子学生が少ないバリケード内では料理を担当した男子学生も多数います。もちろんそこに性差別があったのは否定しがたい事実ですが、だからといって「全共闘運動は男の運動」だったとし、全て捨て去ってしまっていいものでしょうか？全共闘のラディカリズムとウーマンリブ運動は対立する思想なのでしょうか？

先に挙げた所の「育みと日常生活の中からの革命」――ヒエラルキーのない組織、社会を目指す――は全共闘運動の目指した「社会規範からの個人の解放」と通底するものでした。しかしながら、それが実践されるべき「共同体＝バリケード」の中で性、民族差別に注意が払われなかったこと、また、その場を防衛するための武装闘争が恒常化し、それが目的化してしまったこと、大学側との団体交渉に行き詰まった従来のセクトが武装闘争による革命を目指したことなどから、お互いを育み、教育する解放空間としてのバリケードは、単なる攻防の拠点に過ぎなくなってしまいました。

運動内部でのケアワークが女子への「性役割分担の押し付け」と一概に言い切れるのかは再検討の余地があります。先に挙げた柏崎もバリケードの中で料理をすることもあったのですが、「私は料理をするのが好きで、皆の健康が気になるからするのであり、決して女だからということでするわけではない。私にとってゲバ棒を持つこと、包丁を握ることは同じだ。それが人間として自然なことであるのだ。私の内面の欲求に素直に応じた結果である限り」[5]と言っています。

一九六七年の羽田事件当時、東京大学原子核研究所助教授だった夫の水戸巖と「救援会」を立ち上げた水戸喜世子（物理学者、関西ベ平連）は、セクトやノンセクトの所属にかかわらず傷ついた学生らを病院に運び、逮捕された人たちに差し入れや弁護士の紹介と飛び回りました。水戸は救援を担当したのは学生の母、兄弟姉妹が多かったことを認めた上で、「党やセクトの組織的支援を受けられない個人への支援が急務で、それはできる人が引き受けるしかなかった。比較的自由に動ける母親が中心になった。でもそれは押し付けられたというのではない」と語っています。それを「性的役割分担を助長した」とフェミニスト学者から批判されたこともあるそうです。しかしながら、「救援会」（のちに救援連絡センター）はその後もノンセクト学生だけではなく、所属を問わず広く政治犯を救援する組織として成長し、元東大全共闘議長・山本義隆は「全共闘運動から生まれた最良のものは『救援』だった」と言っています。

誰かがやらなければいけない、生存のために必須のこと――怪我の手当て、衣食の供給、外部との連絡、金銭的援助――これを「女の仕事」として押し付けるのは論外ですが、そのような仕事を引き受けること自体が「女性差別を助長する」としてしまうのは、女性の分断、ケア労働の蔑視につながってしまうのではないでしょうか。

「救援」は逮捕者の母親が中心でしたが、彼女たちは自分の子供だけのために活動したのではありません。しかし、他の多くの母親は子供の運動を理解したり、支援したりしようとはしませんでした。例えば、東大には「キャラメルママ」と呼ばれた一団が登場しました。

一九六八年、東大生の母親数人が着物姿で正門前に立ち、「危ないから学生運動には参加しないで」と、キャラメル菓子を配りながら、息子たちに訴えました。左の写真では彼女らの背後に橋本治による一九六八年の駒場祭の有名なポスターがかいま見えます。これはヤクザ映画風のイラストに「とめてくれるなおっかさん　背中のいちょうが泣いている　男東大どこへ行く」というキャッチコピーがついています。マチズモ芬々たるポスターですが、東大は今も八割が男子ですから、当時はほとんど男子学生でした。六〇年代、中流・核家族が増加し、大学進学率が増加するにつれて家庭の「教育熱」も高まりました。「子供（主に男子）をいい学校に行かせること＝将来の幸せと安定」という構図ができ、その責任者となるのは母親でした。子供を勉強に追い立てる「教育ママ」という俗語がマスメディアで否定的に使われるようになったのも六〇年代半ば頃からですが、「教育パパ」という言葉はありません。家庭のことは全て母親に任せて父親はモーレツサラリーマンとして仕事に没頭するという性別役割分担がすでに確立していたのです。

▲東大構内でキャラメルを配る母親と橋本治のポスター（提供：時事通信社）

この教育ママと運動の関連について、小田実（ベトナム反戦団体「べ平連」のリーダー）が「教育ママを弁護する」を書いています。

「教育ママたちよ、あなた方は安田講堂に行かなかった。機動隊員の前に立ちはだかってキャラメルを配らなかった。『教育ママ』の過保護もついに安田講堂の中の学生まで及ばなかった。（中略）『教育ママ』たちよ、問題はまだ始まったばかりなのである。その意味で、私は彼女たちを『援護』したい『過保護』を徹底して、息子と共に安田講堂に立てこもる彼女たち――▼6」

これに対して柏崎はこう批判しています。

「（彼女たちが安田講堂に）入らないのが当然ではないか。彼女らの「過保護」は、あくまでも息子や娘たちをブルジョワ社会の枠にはめ込み、世間的栄達を得させるためのそれであり、けっしてその枠からはみ出したものを保護したり援護したりするためのものではないからだ。入学式や卒業式のときに右往左往するのは、それなりの階級的意義があるからであり、安田講堂に入るのとは全く階級的意味が違うのである。(中略)われわれがなすべきことは「教育ママ」どもを徹底的に告発し、闘争を通して彼女らに深刻な自己変革を迫ることである[7]」

柏崎は教育ママが守りたいのは自分のステイタスを保証する「東大生」としての息子であって、生身の息子ではないということを看破していました。

着物姿の母親たちは、第二次世界大戦中の「大日本国防婦人会」のメンバーを彷彿とさせます。戦時中、日本の女性は軍隊の支援に動員されました。旗を振って兵士を送り出し、お茶を出し、慰問袋を作る。天皇のために犠牲になる息子を持つことは、彼女たちにとって名誉なことだったのです。戦後平塚雷鳥らが創設した「母親運動」では、実は母親たちは陰で泣いていた、自分の息子を戦争に喜んで送り出した母親はいない、と「母親=平和」を訴えましたが、毅然として反対した母親もいませんでした。当の平塚自身が戦時中は母親になることが国家に貢献することであり、個人としての母以上の、国体(天皇制)と同一化することだと説いてきました。

日本のフェミニズムにおける母親の役割、ケア労働を語るとき、平塚雷鳥の「母性主義」が日本の女性たちを独立した個人ではなく、国家主義の歯車へと導いていったのを忘れてはなりません。「母性」は無償の愛、平和、育みなどという美しいイメージで語られがちです。もちろんそこにはユートピア的な共生の理想があるのですが、同時に私たちはその裏に母親のエゴ、エッセンシャリズムの罠があることを常に肝に銘じるべきです。この「母性主義」はこれ以後のフェミニズムの歴史の中でも折に触れて頭をもたげ、その発展の足枷となっています。

第3回

1970－75:
第二波フェミニズム

ウーマンリブと中ピ連

さて、いよいよリブと中ピ連です。

いよいよと言っても、皆さんは多分聞いたこともないでしょうから、簡単に時系列をまとめておきます。

一九六九年　東京大学安田講堂占拠終了
一九七〇年　一〇・二一国際反戦デーでの女性だけのデモをきっかけに、女性解放運動が始まる。（リブの誕生）
一九七一年　長野でリブ合宿
一九七二年　リブ新宿センター開設
一九七二年　優生保護法改正案
・経済的理由による中絶の禁止
・心身に障がいのある危険性のある胎児の中絶を合法化
が与党により提出される。
一九七二年　中絶禁止法に反対しピル解禁を要求する女性解放連合（中ピ連）結成

一九七五年　国連が「国際婦人年」を宣言
一九七五年　田中美津（「ぐるーぷ闘うおんな」）がメキシコに渡航
一九七七年　中ピ連の政党「日本女性党」が参議院選挙で全員落選し、中ピ連は解散

ウーマンリブ運動と全共闘

前回で述べたように、ウーマンリブ運動は、男性主導の全共闘運動に対立するものとして生まれたという単純な話ではありません。新左翼運動は確かに日本社会のジェンダー不平等を反映し、男子学生はしばしば伝統的なジェンダー役割分担の考え方を持っていましたが、全共闘運動は既存の社会的・政治的枠組みから個人を解放するという基本的思想ではリブと一致しています。

しかしながら、その実現は簡単ではありませんでした。「解放の場」であるはずのバリケード内での差別やヒエラルキーが解決されないまま、六九年には全大学の八〇％にのぼったバリケード封鎖のほとんどが七一年までには機動隊の導入などによって解除されてしまい、キャンパスは「平常化」されました。活動家の多くは沈黙するかドロップアウトし、一部の過激派は地下に潜るか海外に革命の場を求めて行きました。一方で、女性たちの一部は新たな「解放の場」を求めて集団を作りました。ウーマンリブの始まりです。

「リブやフェミニズムは西欧から輸入された思想」だというのは日本の女性運動を貶めるためによく使われるフレーズですが、日本のリブもアメリカのリブ（第二波フェミニズム）に啓発されたところはあるにせよ、アメリカ発のリブが日本に波及したというよりは、むしろ世界各国で同時多発的に独立した運動が始まったと理解することができます。これは六八年の世界的な反体制運動が大きく関与しています。アメリカのリブも、学生運動、市民権運動、反戦運動に影響されました。急進的な女性たちは、NOWなど既存の女性権利拡張を主張するリベラルフェミニズム（第一波）にあきたらず、独立した小規模な女性だけのグループを作りました。彼女たちは既存の構造を拒否し、社会の中の根深い性差別や女性差別を暴露し、日常の中での抑圧や不公平に闘いを挑みました。一九六六年、シカゴでThe Westside Groupが結成されましたが、これはアメリカにおける初めてのラディカル・フェミニストのグループとされています。その後一九七〇年頃までに全米で数多くの立場や目的を異にする女性たちのグループが生まれました。彼女たちは、その多くの相違にもかかわらず、男女間の力関係を変革し、社会を変革するために、大規模な女性解放運動を起こすという包括的な目標を共有していました。彼女たちのスローガン、“the personal is political”（「個人的なことは政治的なこと」）は、それまで私的な空間、家族、日常の中で個人の責任に帰されていた（あなたが至らないから、あなたが我慢すればいい）女性への抑圧を、男性中心の社会構造が生み出したものだと看破したものです。これは日本のリブ運動にも大きな影響を与えました。

日本のリブの代表者として田中美津がよく挙げられます。田中は一九七〇年、「便所からの解放」で「男にとって女とは母性のやさしさ＝母か、性欲処理機＝便所か、という二つのイメージに分かれる存在としてある」と論じました。これは女性に課せられる社会規範からの解放を訴えたものですが、タイトルを見ると「便所」からのみの解放で、「母」からは？という疑問が残ります。

田中美津による一九七〇年のもう一つのマニフェスト「エロス解放宣言」は、女性が自らの性に焦点を当て、それによって従来の社会システムの中での男女平等を目指したリベラルな女性運動からの脱却を訴えている点で画期的です。その中で田中は、「われら〈女〉の解放とはエロスの解放として、性否定の意識潮流の変革、（…）〈家〉の解体を方向として目指すものになるだろう」「そして我々自身〈女〉以外のものではありえない自らを根底的に問いつつ闘いの中で男に、権力に迫ることによって、自らの内なる愛、夫婦、男、純潔、子供、家庭、母性愛などに対する諸幻想を解体し、主体形成を図ると共に男の主体形成を助けていきたいと考える」[1]と述べています。

第一波フェミニズムが政治的、経済的な公の範疇での女性の権利獲得を最大の課題としたのに対し、ウーマンリブの最も緊急な課題は、女性の身体とセックスでした。アメリカのリブ同様、日本のリブ運動の女性たちもセックス、恋愛、生殖に関する権利など、「個人的な」問題について語り始めたのです。個人の体験を語り、分かち合う「意識革命」の場としてリブ合宿（一九七二）を長野で開催し、リブ新宿センター（一九七二）を立ち上げました。またこの頃ミニコミと呼ばれた小冊子やジン（「女／エロス」というタイトルのものもあった）が次々出版され、子供たちの集団保育など女性たちによる共同体も小規模ながら各地に生まれました。[*]

リブ新宿センターのメンバーとして活躍した武田美由紀は、元恋人の原一男が監督したドキュメンタリー映画『極私的エロス・恋歌1974』に出演しています。映画の中で彼女は沖縄に住み、沖縄に駐留していた黒人米兵を父に持つ子供を出産するのですが、武田が原に撮影を依頼し、原は新しいパートナーの女性とともに出産場面を撮影しました。

エロスや身体を女性が自由に語ることは、当時タブーに近いものがありました。女性の身体は男性によって見られ、語られ、描かれるものであり、越境しようとする女性は侮蔑され、排除されました。画家の橋詰米子は、一九七一年、ヨーロッパのポルノ雑誌の写真をもとにした作品を東京の画廊で発表したのですが、女性器が描かれていたため、わいせつ物として警察に押収されてしまいました。一方、同時期、同様のテーマを扱ったアメリカの画家トム・ウェッセルマンによる「グレート・アメリカン・ヌード」は、性器が描かれていても、ポップアートの傑作と賞賛されました。この事件にはアート界はおろか女性運動の中でも注目する人は少なく、わずかに美術評論家のヨシダ・ヨシエがエロティシズムの表象に対する検閲という視点で記事を書いています。[▼2] リブの女性たちにとっても、エロスの表象はクローズドな空間で自身の体験をシェアするところにとどまり、公の場で一般に表明するには至りませんでした。ポルノグラフィーに対する一部ラディカル・フェミニスト（アンドレア・ドウォーキンら）の強い抵抗も影響を与えたと思います。ゆえに女性アーティストが主体的に性的な女性の身体を自分自身の手で取り戻し、表現することは、特に視覚芸術においては非常に困難でした。後に世界的に有名になった草間彌生は、芸術家としてのキャリアを積むために、日本を離れなければなりませんでした。草間の「乱交」パフォーマンスやペニスに執着した作品は、日本では「狂気」「日本の恥」と批判されました。

このような環境の中で、日本ではリブやフェミニストの芸術運動が盛んになることはありませんでした。アメリカやヨーロッパでは、解放を求める女性アーティストが集まり、女性だけのアートセンターを設立し、展覧会を開催し、ジュディ・シカゴ、キャロリー・シュニーマンに代表されるように女性の性、身体をモチーフにした視覚芸術作品やパフォーマンスが台頭しました。日本の美術界では「反芸術」、カウンター・カルチャー（次章で詳しく）の動きがあったにもかかわらず、それを担ったのはほぼ全部男性アーティストでした。

▲橋詰米子作品（『黒の手帖』第１巻２号、1971年6月より）

＊ちなみに、リブはそれまで女性一般の呼称であった「婦人」を使用せず、もっと生々しい「女」「おんな」を使うようになりました。それが八〇年以降は「女性」に統一されます。

ウーマンリブへの反応

女性が自分の性や体を自分でコントロールしようとすることは、日本の伝統的な家族観に固執する人々にとって脅威でした。したがって、ウーマンリブが多くの男性や男性優位のマスメディアから忌み嫌われ、嘲笑されたことは当然とも言えます。しかし、多くの女性、特に伝統的な女性運動の活動家たちも、ウーマンリブに冷淡な態度を示しました。彼女たちにとってリブのアプローチはあまりにも過激で、個人的で、セックスに固執しすぎていると感じられたのです。一九七〇年代、核家族率は七五年の約六四%を頂点とし、女性は結婚後退職し専業主婦になることが常識とされていました。一旦離職すると女性にとって再就職は厳しく、「主婦」の立場に不満を持っていても、家族制度自体を否定して経済的に自立することは非常に困難でした。むしろ、主婦としての役割を全うし、その中で自己実現を図ろうとする女性が多く、彼女たちにとってリブは脅威と感じられたのかもしれません。

一方、伝統的な女性運動は、婦人参政権運動からの女性権利推進団体、キリスト教系団体、社会党や共産党の女性部、それに加えて上記の「意識高い主婦」らによる主婦連などでした。彼女たちの多くは、高学歴、中産階級で、既存の社会制度の中で女性も平等な権利を得ることについては真剣でしたが、根本的な制度変革や女性としての意識改革については消極的でした。むしろ、

「真面目」に地道な権利運動や労働運動をしている側から見れば、リブはセックスや自分の欲望のことばかりを考えている軽薄な人たちで、「ちゃんとした」女性運動の信用を傷つける女ととらえられていました。

リブと異性愛主義・母性主義

リブを担ったのは主に二〇〜三〇代の「全共闘世代（一九四〇年代後半生まれ）」でした。当時は今では考えられないほど「結婚・妊娠適齢期」*が社会常識として存在しており、二十歳過ぎの女性にとってその二つは最大の関心事でした。リブはそれに対する抵抗であったのですが、それでも（それゆえか）彼女たちの問題意識は「婚姻」および「産む性」に集中したように見えます。もちろん中絶や避妊も議題にはなっていたのですが、『極私的エロス』にも見られるように、エロス＝性的快楽ではなく、「子供を産み、育てる」ことが中心になっています。少なくとも一九七

＊当時二五歳過ぎの女性は陰で「クリスマスケーキ」と呼ばれました。適齢期（二四歳まで）を過ぎた「オールドミス」（婚期を逃した女性）で二五以降「商品価値」が暴落するから……。

〇年代前半のリブの中では男性との関係における「女＝私」の意味を追求することが中心になっており、女性同士の関係性の中でジェンダーやセクシュアリティを再定義する可能性は見落とされていました。もちろんリブの黎明期からレズビアンメンバーはおり、アメリカのリブにおけるレズビアン・フェミニズムの重要性も情報としては受け取っていたのですが、レズビアンメンバーにカムアウトされた田中美津が、「レズビアンというのはポルノだと思っていた」と言ったり、リブコミューンで共同生活していたレズビアンに対して「一緒に住むことはできない」と排除したり、それまでの「レズビアン＝ポルノ」、「男装者＝男女役割の固定化」という嫌悪感や偏見をあからさまにしていました。▼3

一方、家制度への反乱としての婚外子の出産が注目を浴び、三人の子供を婚姻外で出産した桐島洋子の著書がベストセラーになりました。現在シングルマザーは女性の貧困を象徴する社会問題ですが、当時は「未婚の母」が一種のカリスマ視されました。しかしこれらは有名人やもともと上流階級の人たちの話で、実際には婚外子に対する差別的法律（戸籍の続柄表記や相続差別）は是正されず、有名人でも富裕層でもない一般女性にとって婚外子を育てるのは非常に困難なことでした。『極私的エロス』の武田が出産した混血児も結局はアメリカに養子に出されたそうです。

リブ新宿センターや「東京こむうぬ」では女性の共助で子供を育てる一種の「女子供のコミューン」が目指されました。これには所美都子の「育みと日常生活の中からの革命」の影響が認められます。しかしながら、近代資本主義のシステムを変えるためにはあまりにも組織の広がりがなく、経済的基盤が脆弱であり、個人の負担が大きくなってしまいました。また、これは日本の女性運動に特有の宿痾と言ってもいいかもしれませんが、そこには、所の「女性の論理」にもある「女性近代的自我ではなく汎神論的母性我という高群逸枝の提起」の称揚が見られます。所や高群に影響を受けたリブの「育み」や「ケア」に今日的意味は見出せるものの、「近代的自我」や経済的、社会的権利確立より先に「母性我」に行ってしまうところに、この時代の運動全般に見られる「早急さ、地に足のつかなさ」が現れているように見えます。非婚にせよ、婚外子にせよ、労働・経済の問題への取り組みが不可欠なのですが、一足飛びにコミューンなどユートピア的な方向に行ってしまったのは、当時のヒッピー・ムーブメントも同様でした。

社会運動としてのウーマンリブは、当初の盛り上がりを見せた後、急速に減速しました。田中美津は一九七五年にメキシコに渡り、一九八〇年代初めまで帰国せず、その後は鍼灸院を開業し、心と体の治療に専念しています。彼女は現在でも、個人の幸福が社会変革の基本であると主張しています。しかしながら、実際には個人の日常での変革がなかなか社会変革につながらないのも事実です。

伝統的家制度や資本主義下の「社畜と主婦」からなる家族制度への反乱としてのリブは、残念ながら広い賛同を得ることはできませんでした。様々な理由はあると思いますが、やはり一番重要なのは「個人の生活からの変革」が「個人の生活への撤退」になってしまったことではないでしょうか。既存の枠を否定することが既存の社会からのドロップアウトに帰結してしまい、変えるべき社会との接点を失ってしまったように見えます。

ドキュメンタリー映画監督の栗原奈名子は、一九八〇年代のニューヨークで元ウーマンリブメンバーに出会います。ポスト・リブ世代の栗原は一九九三年に日本のウーマンリブ活動家たちを再訪し、ドキュメンタリー『ルッキング・フォー・フミコ』を製作しました。彼女らは一九七五年以後も女性に課せられた社会的規範を否定し、リブの活動を続けました。しかし、二〇年を経た九三年において、ほとんどのメンバーが社会的、経済的困難に直面しており、「社畜と主婦」の家族ユニットから外れた女たちにとってはサバイバルが精一杯ということが明白になります。独身で老母を介護しながらフルタイムの仕事を続けるにせよ、非正規ケアワークに就くにせよ、夫婦別姓のため非婚を貫く（子供は婚外子扱い）にせよ、社会の壁はあまりに厚く、「個人の幸福から社会の変革へ」の道は遠いと思わざるを得ません。栗原の製作意図は忘れられかけていたリブを再評価することにあったと思いますが、この映画を見た現在の学生たちの感想は「立派だとは思うけど、自分はああはなりたくない」でした。彼女らの主義主張を曲げずに生き抜く態度は素晴らしいのですが、そのために社会から孤立してしまっているという事実は冷然としてあります。「自分の生活から変えるというだけではなくて、もっと別の方法で社会にアピールしたり、連帯して政治を変えようとしたりするすべはなかったのか」というのが学生たちの意見でした。

中ピ連——一九七二-七七年

ウーマンリブの「鬼っ子」として一九七二年のウーマンリブ東京大会で発足したのが「中絶禁止法に反対しピル解禁を要求する女性解放連合」(通称中ピ連)です。創設したのは当時二七歳、京都大学薬学部出身の榎美沙子。ピンクのヘルメットをかぶった彼女たちは、マスメディアにセンセーショナルに報道されました。

日本における人工妊娠中絶は、母体保護や経済的に困難な場合など、限られた場合に許可されていましたが、一九七二年に提出された優生保護法改正案は、経済的理由による中絶を禁止するというもので、与党自民党の右派、プロライフの宗教団体の要請によって提案されました。日本は世界的に見ても中絶が簡単にできる国なのですが、もともと戦中一九四〇年に定められた国民優生法は、その名のごとく優生思想に基づき、優秀な国民を生産するためのもので、障がいを持つ人たちに対する優生手術の強制、中絶、不妊手術を合法化しました。戦後一九四八年に制定された優生保護法は、戦後の復員による人口過剰問題に対応した人口調整のため、母体保護・経済問題を理由に中絶を受けやすくし

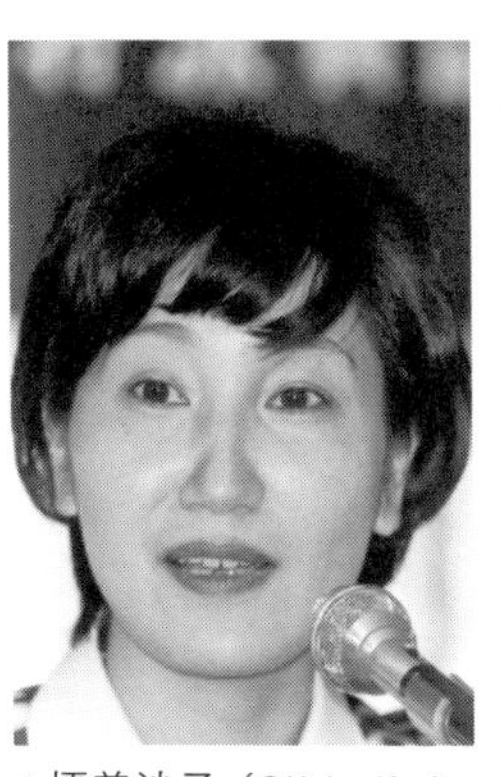
▲榎美沙子（©Kaku Kurita/amanaimages）

ました。しかし、その後の高度成長により、将来の優秀な労働力の確保という観点から中絶を抑制しようという動きが財界にあり、また、「生長の家」、矯風会など宗教界から中絶禁止の声が上がりました（「いのちを大切にする運動」水子地蔵*）。一方では羊水診断の発展により、医師会などから障がいのある胎児の中絶を求める声が上がりました。これらを受けて一九七二年に政府提案で以下のような優生保護法改正案が提案されました。

一．母体の経済的理由による中絶を禁止

二．「重度の精神又は身体の障害の原因となる疾病又は欠陥を有しているおそれが著しいと認められる」胎児の中絶を合法化

三．高齢出産を避けるため、優生保護相談所の業務に初回分娩時期の指導を追加

これに対して障がい者団体、女性団体からは激しい反対の声が上がりました。女性の体を国家がコントロールしようとすることへの反発――「自分の体のことは自分で決める」――が第二波フェミニズムの姿勢でした。しかし、このスローガンに対して、障がい者団体から「それは障がいを持つ胎児を生まない権利ということではないか」という批判が上がりました。

もう一つの問題は、避妊薬の合法化でした。欧米ですでに広く使用されていたピルは、日本ではなんと一九九九年まで合法化されませんでした。日本ではずっとコンドームやオギノ式**が好ま

しい避妊法とされていましたが、どちらも確実な避妊法ではありません。望まない妊娠をした女性たちは中絶に頼らざるを得ず、またそれも「掻爬法」という身体のダメージが大きいものです。日本の女性たちは確実な避妊薬を持てず、その代わりに国の決めた中絶法でコントロールされていたのです。これに真っ向から抵抗したのが中ピ連で、女性の生殖についての自己決定を「権

＊水子供養が組織的に行われるようになったのは一九六〇年代半ば頃で、優生保護法改正を目論んでいた中絶反対の宗教団体（生長の家、紅卍字会、矯風会、清源寺）が厚生省人口問題研究の後援で始めた「命を大切にする運動」による。矯風会は七〇年代には優生保護法改悪に反対していたが、六〇年代は基本的には中絶反対。紅卍字会というのは中国の新宗教で、日本では大本教と提携していたらしい。この運動で中絶された胎児を「水子」として供養のため地蔵を建てることなどが始まった。七〇年代後半からはそれにマスコミが飛びついてオカルト（罰が当たるなど）面を強調したＴＶ番組などで喧伝し、水子は一大宗教ビジネスになっていく。それ以前は中絶に宗教的な罪の意識を感じたり、供養したりする習慣はなかったので、これは女性をターゲットにして恐怖を煽り、中絶禁止に向かせようとした権力側の策略である。（鈴木由利子「水子供養に見る胎児観の変遷」）https://core.ac.uk/download/pdf/294898235.pdf

＊＊「オギノ式避妊法」は、次回の月経予定日から排卵日を推測して、その前後数日間は性交をしないという方法。しかしながら、月経や排卵日は体調の変化で変わるので、予測は難しく、確実な避妊法ではない。

利」としました。彼女たちは「子供を産むかどうかの選択の自由は女性の基本的権利であり、女性が子供を産まない権利を守るためには、ピルが自分でコントロールできる唯一の避妊法である」と宣言しました。

一方、田中美津やリブ新宿センターは「中絶は権利」であると主張することに違和感を持ちました。それは一つには障がい者団体からの批判がもたらしたものでしょう。田中美津は一九七二年の「敢えて提起する＝中絶は既得の権利か？」で「『産む産まないは女の権利』ということばがある。つまり女が堕す『権利』を行使する時、腹の子には生きる権利がないということか?!しかし、もし腹の子が人間ならば、生きる権利を持たぬハズがない。女はその腹に一体ナニを胎むのか？」[4]と書いています。

これは現在でも議論されている問題なのですが、「リブによる生命倫理の深い省察」と賞賛される一方で、女性の法的権利をきちんと獲得する以前に原理的な倫理を問題にすることは、宗教的原理主義、母性主義と通底してしまう（田中はそれを否定していますが）おそれがあります。もともと田中たちは資本主義社会の男の論理に対して、女性が真に解放されるための柱として「ものの生産から、命の生産へ」を主張していました。彼女たちのスローガンは「産める社会を！産みたい社会を！」で、田中は「産めない社会の悪を悪として追及する中で、女は切り刻まれる胎児と真向おう。女に子を殺させる社会は、むろん女自身も生かせない」と言うのです。もちろん産みたい人が子供を産み、育てられる社会はあるべき姿なのですが、そこに子供を産むことに対する過剰な思い入れ、また、何かの理由によって「産めない人」や「産まない人」に対して「中絶＝殺人」とするかのような価値観の押し付けが見受けられます。これは一見倫理的で真摯な態度であり、弱者（子供）に対する思いやりや愛情あふれる態度に見えるのですが、その倫理はアメリカのキリスト教原理主義者たちと根本的にどう違うのでしょう？「産める社会」に到達するにはまず「自己決定」の権利を女性たちの手にしっかりと獲得することが前提だと思います。

ピル解禁

中ピ連は「過激な道化」として退けられ、女性史家からも長い間顧みられてこなかったのですが、実際にはフェミニズムに貢献した部分も多くあります。多くの女性たちが「ピル」という言葉を知ったのは中ピ連の運動があってこそです。前述の通り、日本では経口避妊薬が長いこと認可されませんでした。戦前からの産児調整運動家であり、戦後の家族計画運動に関わった加藤シヅエは、一九六一年の国会質疑でピルを「原子力」に擬え、その危険性を挙げて認可に反対を唱えました。家族計画運動は主にコンドームとオギノ式（そして失敗した場合のバックアップとしての中絶）を中心に進められたのですが、この理由としては、薬害、副作用のおそれ、最大手コンドームメーカーのオカモトが戦時中（当時の社名は理研護謨工業）「突撃一番」という名称のコンドーム

▲日本医学会総会に押し掛け、ピル解禁を訴える中ピ連（© 一般社団法人共同通信社）

を軍需工場で大量生産し兵隊に無料配布（後述する「慰安所」で使用するため）しており、コンドーム使用に抵抗がなかったこと、中絶が産婦人科医院の大きな財源だったこと、政府内の保守派がピル解禁による「性モラルの乱れ」を問題視したことなどが挙げられます。しかしながら、当事者の女性たちの中でもピル解禁を求める声は多くありませんでした。リブもピルに対して懐疑的で、ピルの副作用を問題視しました。「産む性」を女性にとっての「自然」と考える人たちからすれば、科学的に女性の生理をコントロールするものは「自然の摂理に反する」ととらえたのかもしれません。欧米ではすでに六〇年に解禁になり、世界で一〇〇〇万人を超える女性たちがピルを使用していたにもかかわらず、日本では副作用のみがマスコミで喧伝されました。

中ピ連リーダーの榎美沙子は京大薬学部出身だったので、薬品に関する知識は豊富であり、支援者たちにピルの無料配布なども行っていましたが、これに対しても薬品会社との癒着を指摘する声もあり、女性運動の中で唯一ピル解禁による女性の生殖決定権を唱えた中ピ連は、一般社会からも女性運動からも不当なバッシングを受けました。当時から五〇年以上経った現在でも、

「アフターピル」の認可がなぜ日本では遅れたのかという新聞記事の中で、家族計画協会の会員である医師（男性）は、若いインタビュアー（女性）に対して、

女性解放の活動をする榎美沙子さんらの運動を見て「ピルを飲むのは、ああいう怖い女だ」と、女性活躍を好まない男性陣から格好の標的にされたりした。そしてピルは社会的にもだんだん疎外されていったんだと思います。〔……〕闇雲に活動して「こうしてくれ！」と叫ぶだけじゃ何も変わりません。やり方があるはずです。ともすれば、潰されたり榎さんのように知らない間に消えてしまったりするかもしれないですよ。〔……〕若い女性達が、政治家を動かしたり、メディアと上手にコラボして活動していることにいつも感心しています。へこたれることなく続けていって欲しい。医療に関わる問題ですから、日本医師会や産婦人科関連の団体にも支持者を増やすことです。▼5

とかなり上から目線で「マンスプレイニング」しています。

その日本医師会や産婦人科学会の理事のほぼ全員が男性なのですが、この医師によれば、彼らに要求を聞いてもらうには、「若い女性」たちが地道に彼らに「コラボ」をお願いして味方についてもらうことが唯一の道、そもそもピルの認可が遅れたのも中ピ連ら「怖い女」のせい、ということです。中ピ連の正当で科学的知見に基づく主張を無視し、潰し、忘れ去った自分たちの責

任は全く顧みず、全てを中ピ連と榎美沙子の「態度」に転嫁するのは、いまだに日本のマスコミの常套手段です。

一九七四年「女を泣き寝入りさせない会」

中ピ連がこれほどまでにマスコミにバカにされ、他の女性運動グループから毛嫌いされているのは、実は中絶やピルに関わること以外に、中ピ連のサブグループとして七四年に創設された「女を泣き寝入りさせない会」の活動に負うところが大きいでしょう。

このグループは夫のＤＶや離婚の慰謝料、養育費を要求し、時にはその夫の職場を襲撃して対面交渉を要求するなど、全共闘の大衆団交と似たようなことをやっていました。その多くの場合、グループはピンクヘルメットというい で立ちで、マスコミを引き連れ、アポなしで突撃しました。メディアは、ピンクのヘルメットや旗、泣き叫ぶ赤ん坊、困惑したダークスーツのビジネスマンなど、彼女たちが職場に引き起こす混乱を大喜びでセンセーショナルに報道しました。

ウーマンリブの活動家の多くは、マスコミを敵対視し、取材を制限したのですが、中ピ連はマスコミを積極的に利用しようとしました。その報道の多くは単に興味本位であったり揶揄的であったりはしたものの、中ピ連は一九七二年だけでも一〇〇以上の雑誌や新聞に登場し、中ピ連の名を広め、ピルを国民的な関心事とすることに成功しました。しかし、マスコミに彼女たちの主張への理解があったとは到底思えず、また、既存の女性運動団体やウーマンリブ活動家も、彼女たちを毛嫌いし、そのセンセーショナルで無分別な行動が「女性運動全体の信用を落とすものだ」と非難しました。でも、中ピ連はそんなに無思慮、無分別な目立ちたがり屋だったのでしょうか？　中ピ連のニュースレター「ネオリブ」を読めば、ピルや中絶、子殺しなどについて科学的資料も含めた真面目な記事が目につきますし、全共闘系リブの生硬な政治用語をちりばめたアジ演説よりも大変読みやすい言葉で書かれています。また、悪名高い「女を泣き寝入りさせない会」も、結果的にはほとんどのケースで慰謝料を支払わせることに成功しています。センセーショナリズムとの批判はあったにせよ、実際に困っている女性たちの側に立ってなんらかの結果を出すための直接行動でした。非難轟々だったピンクヘルやミリタリールックも、今見るとポップで大衆アピール力と一種のユーモアがあります。現在の目線で見ると、社会の常識の枠から出ない旧来の真面目な女性運動や、個人の性や生活の政治性へと内向きに凝縮していってしまったリブよりもよほど開けていて面白いのではないでしょうか。

その後中ピ連は一九七七年に、女性だけの政府、女性だけの常勤国家公務員（男性はパートタイマーに）という公約を掲げて「日本女性党」を結成し、国会議員選挙に打って出ましたが、一人の当選も叶わず惨敗しました。日本女性党と中ピ連は解散し、榎美沙子は表舞台から姿を消し、現在も消息は不明です。

長い間、中ピ連は「恥部」として扱われ、日本のフェミニズムの歴史から姿を消していました。最近になって、一部の研究者が中ピ連を再発見し、再評価し始めましたが、研究書はまだ少なく、榎らの運動が正当に評価されたとは言えません。

ごく最近二〇二〇年一〇月三日の『デイリー新潮』（ウェブ）の記事でも榎や柏崎千枝子のその後がいまだに嘲笑の対象になっています。

この記事のタイトルは、「一世を風靡した女たちの消息『榎美沙子』『ケ（ママ）バルト・ローザ』『やまのべもとこ』」。榎が詐欺で逮捕されたという虚報から始まり、中ピ連を「ウーマンリブ思想に洗脳された女権カルト」とし、ターゲットにされた男性は「ポア」されたと記述されています（「ポア」はオウム真理教用語で「殺す」の意味）。そして、ゲバルト・ローザ（柏崎千枝子）を「誰彼構わず殴る、非常に乱暴な人」としていますが、記述には事実無根のことも多く、意図的に彼女を貶めています。ミソジニーに満ちたこの記事は、女性解放運動や女性の革命運動を馬鹿にするだけでなく、それらを無価値なものとして歴史から抹殺しようとするものです。

第4回

1960-75:
アンダーグラウンド

カウンター・カルチャーと女性アーティスト

前章で「日本にはアメリカでのような第二波フェミニストによるアート運動はなかった」と言いましたが、これは主に視覚芸術・現代美術の世界の話です。もっと広い文化、特に演劇なども含めば、六〇〜七〇年代に全共闘やリブなどに呼応したアンダーグラウンド／カウンター・カルチャーでの女性アーティストの活動も見られます。ここでは特にリブの焦点でもあった「身体」と「エロス」を中心に、「暗黒舞踏」と「ピンク映画」の中の女性アーティストを見ていきたいと思います。

アングラ――地下から街頭へ

欧米では六〇年代中頃から、それまでの文化の定義に当てはまらない、過激で反権威主義的な動きが起こり、「アンダーグラウンド」＝地下活動から派生した「アンダーグラウンド・カルチャー」と呼ばれるようになりました。「アンダーグラウンド」という言葉が日本で知られるようになったのは、一九六六年六月に草月ホールで開催された「草月シネマテーク アンダーグラウンド・シネマ」でアメリカの実験映画が紹介されたことがきっかけです。日本では省略形で「アングラ」と呼ばれるようになりました。またアメリカでは、学生運動の影響から、既成の権威に対抗する文化活動という意味で「カウンター・カルチャー」とも呼ばれました。日本では六〇年代半ば頃から若いアーティストたちによる「反芸術」の動きがあり、ハイ・アート、権威主義、近代合理主義、商業主義へのアンチテーゼとして、大衆性・日常との接近や前近代的・原初的エネルギーを表す「肉体」に重点が置かれました。そしてその表現の場として従来の劇場や美術館を否定し、都市空間へ侵入が図られました。中でも最も早い時期のものがのちのハイ・レッドセンター*による「山手線事件」（一九六二年）です。数人のメンバーが通勤電車の中でオブジェや紐を持ち出してパフォーマンスを行いました。彼らの目的は日常生活に芸術をいきなり持ち込むこ

＊高松次郎、赤瀬川原平、中西夏之の三名によって結成。駅ホームなどで突発的に行われた「山手線事件」（一九六二年）、帝国ホテルでの「シェルタープラン」（一九六四年）、銀座路上のパフォーマンス「首都圏清掃整理促進運動」（一九六四年）など、芸術の既成概念を破る活動を展開した。名前の由来は、３人の頭文字から。

＊＊川口弘太郎、岩田信市らによって結成、加藤好弘らが合流する。「人間の行為をゼロに導く」をコンセプトに、日常空間に裸体を介入させるパフォーマンスを繰り広げる。ヨシダヨシエ、針生一郎ら一部の批評家を除き、美術界には黙殺された。近年、椹木野衣、黒ダライ児らによる再評価が進む。

とによって「芸術と観客の関係性を攪拌する」ことでした。これは以後ゼロ次元**、ダダカン*らによる街頭パフォーマンスや実験的な演劇の先駆けとなりました。寺山修司の『書を捨てよ、町へ出よう』(一九六七年)は同年旗揚げした演劇実験室「天井桟敷」の街頭演劇を示唆するものでした。

六〇年代以前の文化の中心は銀座でした。ギャラリー、劇場、老舗のデパートや料理店などが戦前から続いており、ハイ・カルチャーの発信場所となっていました。しかし、六〇年代の高度経済成長あたりから文化の地殻変動が起こります。産業・商業が大都市に集まり、第一次産業(農業・漁業)が衰退した結果、多くの若者が地方から都市に流入するようになりました。特に中卒の若者は「金の卵」と呼ばれ、毎年春の卒業後には大挙して都市に「集団就職」しました。その若者たちの新たな文化の中心となったのが新宿です。もともとは宿場町だった新宿は、戦後の闇市を経て、東京西部郊外への人口増加とともに鉄道拠点として発展し、六〇年代には劇場やジャズ喫茶などが若者の人気を集め、銀座のハイ・カルチャーとは違った猥雑で熱気にあふれた独自の文化を形成しました。また、アメリカのヒッピー・カルチャーに影響され、新宿東口の喫茶店「風月堂」はアーティスト、文化人、欧米人を含むヒッピーたちで連日賑わっていました。

新宿のアングラ文化を象徴するのは、一九六八年八月から六九年六月まで新宿の花園神社で行われた唐十郎主宰の「状況劇場」テント公演でした。大島渚の映画、『新宿泥棒日記』(一九六九年)のプロローグには状況劇団員が新宿駅東口で路上劇を繰り広げる様子や赤テントでの「由井正雪」の場面が記録されています。唐の「特権的肉体論」は役者が演出された役割を演じるのではなく、卑俗的で現実的な個々の役者に根ざす「特権的肉体」が舞台で「語り出す」ことによって劇的な空間を創造することでした。これは新宿の紀伊國屋書店地下街をガスマスクをつけただけの全裸で行進する「全裸防毒面歩行儀式」（一九六七年一二月九日）を遂行したパフォーマンス・グループ、ゼロ次元にも共通するものです。ゼロ次元主宰者の加藤好弘は「僕たちは『街を強姦』し始めた」と宣言しました。異形の者たちの肉体が、日常と切り結び合う光景が新宿を中心とした都市のそこここに出現したのです。

また、唐の演劇に大きな影響を与えたのは当時の配偶者であり、状況劇場のスター女優であった李麗仙（一九四二－二〇二一）の存在です。李は在日韓国人二世として東京に生まれ育ちました。前述の通り、日本の政治・芸術の前衛運動にはジェンダーや民族差別の意識が非常に薄い（実践者が主に中流日本人男性であることによる）のですが、唐は早くからアジアを意識し、朝鮮戦争、満州侵略をテーマにし、七〇年代には実際に韓国、バングラデシュ、パレスチナまで自費で遠征公演しています。これは実際に日本での民族差別を生きた李が日本にとどまらず、アジアを巻き込む

＊ハプニング・アーティスト、糸井貫二の通称。高度経済成長の最中に、都市路上で裸体ハプニングをゲリラ的に行う。一九六四年の東京オリンピック時には、「聖火体現」と書かれたたすきをかけて銀座を走り、途中で全裸になるパフォーマンスを実行。逮捕され、精神病院に入院させられた。

「肉体」を持っていたからでしょう。

暗黒舞踏

「特権的肉体論」を著した唐十郎が私淑したのが暗黒舞踏の創始者、土方巽（一九二八－一九八六）でした。土方は、日本のダンサー・振付師であり、暗黒舞踏というジャンルの創始者です。暗黒舞踏はそれまでの西欧式ダンスとも日本の伝統的な舞踊とも異なり、東洋人の「肉体」とその日常の中での土俗的な動作（ガニ股でかがむ、しゃがむ、這いずるなど）を表現の中心に置きました。土方の一番弟子である中嶋夏は、暗黒舞踏は「カウンター・カルチャーや反体制運動の一環として生まれた」[▼1]としています。一九六四年の東京オリンピック、一九七〇年の大阪万博の「人類の進歩と調和」をテーマに明るく進歩的な未来を夢見る文化の主流に背を向けて、暗黒舞踏は前近代の闇を見据えたのです。

一九六八年に土方が振り付け、上演した「土方巽と日本人　肉体の叛乱」は暗黒舞踏の金字塔といえるものです。公演は美術家の中村宏が一六ミリカメラで撮影し、現在、慶應義塾大学アート・センターの土方巽アーカイブに所蔵されています。

「舞踏とは命懸けで突っ立った死体である」という土方の有名な言葉があります。肉体を物質化・異物化させるということは、肉体（人間）が日常の様々な（国家）システムに取り込まれ、馴れさせられることへの拒否の表明です。理性の統制を振り切って「叛乱する肉体」として秩序の破壊を目論むことは、一九六八年の学生運動と通底する部分があります。

「土方巽と日本人」と銘打ってはいますが、彼は日本人の純粋な民族アイデンティティを求めていたわけではありません。暗黒舞踏を「日本の伝統文化」に帰着させるのは間違いで、むしろそれは、日本の急激な近代化に対する抵抗のジェスチャーでした。土方とともに舞踏の創始者である大野一雄は、ドイツのノイエタンツのようなモダンダンスやクラシックバレエの訓練を受けていましたが、日本の古典舞踊の訓練は受けていません。土方は、東北の貧しい農民の身体を蘇らせようとし、弟子たちに「飼い慣らされ家畜化された身体の皮を脱げ」と指導しました。

舞踏における女性の身体

全共闘運動と同様、「アングラ」文化も歴史化されたのは男性アーティストが中心でした。しかし、パフォーマンス、特に舞踏においては、パフォーマーの中心は女性であり、また、女性的な身体性が舞踏の中では非常に重要でした。土方の「肉体の叛乱」は「舞踏」の完成形とされていますが、この時から彼の振付は女性的身体が主役になりました。そのやせ細った身体（土方のいわゆる「衰弱体」）は、支配的な男性的特徴を身体から消し去るためで、この舞台でも土方は女性の姿をしたアンドロジナス（両性具有）を演じています。土方の初期の主な弟子は中嶋夏、芦

▲中嶋夏（撮影：中村博）

川羊子ら女性ダンサーでした。芦川羊子は一九六八年にデビューし、土方舞踏の中心的な存在となりました。土方のアスベスト館ワークショップは七〇年代前半から女性メンバーが中心となり、土方は彼女たちの振付に専念することが多くなり、それに対して男性メンバーは反感を募らせたということです。土方自身は一九七三年に舞踏活動を休止していますが、芦川は一九七〇年に「幻獣社」、一九七四年に「白桃房」を結成し、いずれも土方の振付による舞踏を発表しました。女性舞踏家のカルロッタ池田は、一九七四年に初の女性だけの舞踏団「アリアドーネの会」（池田、ミゼール花岡ほか）を結成しました。池田はその後フランスに渡り（二〇一四年に現地で死去）、花岡はベルリンに渡り舞踏グループ「tatoeba（タトエバ）」を結成、中嶋は南米を中心にワークショップを開催し、いずれも舞踏の国際的な普及に大きく貢献しました。

このゼミでは第二回目から毎年中嶋夏を招いてワークショップを開催しています。もちろんゼミ生にダンサー志望はいませんので、このワークショップの主眼は「身体性」をまさに頭でなく身体で理解することです。中嶋による「舞踏論」は以下の通りです。

身体というのは、言葉では全くとらえられないものです。言葉にできないものを言葉にする、「形のないもの」に「形」を与えることが、暗黒舞踏の重要な要素です。そしてその身体の奥底には闇、霊性、形のないもの、言葉にできないもの、あるいは単に無意識、不可解なもの、破壊され消滅したもの……土方が「暗黒」と呼んだもの、矛盾と不合理に満ちたもの、永遠の始まりの混沌のようなものが潜んでいるのです。

土方は、「精神性」という言葉を嫌っていました。西洋の二元論からすると、精神性の方が肉体より高等なように感じますが、暗黒舞踏は、東洋の身心一如の思想に基づいて「身体は充実した人生の現場である」という見方をしています。

ある意味、暗黒舞踏の基本技法のコンセプトは、シンプルです。それは社会的な規範を脱ぎ捨て「本来の身体に戻る」ことです。暗黒舞踏のイデアは、「社会的家畜化の脱皮した身体」「個人や社会のアイデンティティをはぎ取り、自然体としての身体に戻る」というもので、土方の言葉を借りれば、「死体としての身体」になることです。「原点回帰」「無になる」、これらは全て空虚な状態を指しているように見えますが、実は「満たされた空虚」、つまり「内側に満たされた、次の次元に飛躍するための空虚」なのです。たとえば、私が踊るとき、社会的に中嶋夏という名前を与えられた身体が踊っているのではなく、身体の深い中心で動きが発芽し、身体が動かされているのです。[▼2]

この「名付けようもない混沌、暗黒」を内に抱え、西欧近代の合理性や二元論で割り切れない肉体を「女性」的な身体とは明言していませんが、この「身体を現場とする」という感覚はかなりウーマンリブの身体感覚に近いものがあると思います。ワークショップで中嶋は生徒に土方の強い秋田訛りの音声を聞かせ、その音に身体を反応させます。誰も土方が何を言っているのかわからないのですが、その声の響きの中に惹きつけられる、または拒絶したくなるような何かがあります。数年前のワークショップでは参加したものの棒のように立ったまま動くことができずに無言でいたアニメ好きの女子生徒がいました。彼女はその後その体験についてファイナル・レポートを書いたのですが、そこで自分の身体にコンプレックスを持っていたこと、それに向き合うことを避けていたが、このワークショップで「一歩も動けなかった」ことに自分でも深いショックを受け、それはなぜかを「アニメにおける女性の身体の表象」と絡めて論じました。

中嶋は現在も東京で毎週ワークショップを持っており、障がいを持つ子供たちとのワークショップも開催しています。

映画、視覚芸術における女性アーティスト

六〇年代アングラ文化の中でもう一つ重要なものは「ピンク映画」です。ピンク映画とは、一九六〇年代から七〇年代にかけて製作された日本映画のジャンルの一つで、極めて低予算で短時間に製作されたソフトコア・ポルノです。非合法で流通されたいわゆるブルー・フィルムは戦前からありましたが、戦後の新憲法によりある程度の表現の自由が保障され、また、欧米の「フリー・セックス（性解放）」思想が輸入されたこともあり、六〇年代には大手映画会社がソフトポルノを量産するようになりました。ヌードやセックスシーンを入れる限り、比較的芸術的自由を与えられたので、若手映画監督の養成機関であると同時に登竜門として重要な役割を果たしていました。足立正生（一九三九－）と若松孝二（一九三六－二〇一二）がコンビを組んで製作したピンク映画の数々は、現在では芸術作品として高く評価され、国際映画祭でもたびたび上映されています。足立は日大芸術学部在籍中から実験映画で頭角を現し、六〇年代にはピンク映画の他にも『略称 連続射殺魔　A.K.A. Serial Killer』（一九六九）、『赤軍－PFLP 世界革命』（一九七一）などの作品で知られています。その後パレスチナに渡り、日本赤軍に参加しましたが、現在は日本に戻り、映画監督として活躍しています。

ピンク映画はレイプやセックスが生々しく描かれているため、一部のフェミニストから「女性の性の搾取」だと批判されました。七〇年代アメリカではアンドレア・ドウォーキンやキャサリン・マッキノンらラディカル・フェミニストの一部がポルノは性犯罪を誘発する、もしくはポルノそのものが性犯罪であるとして大々的に反ポルノキャンペーンを張り、日本の一部のフェミニストにも影響を与えました。しかし、ウーマンリブが女性の「エロス」を探求したように、一概に性描写＝性差別とは言えません。実際にリブ合宿やミニコミなどでは女性たちが自身の身体やセックスを赤裸々に語っています。「それと商業化された性表現とは違う」という意見もあるでしょうが、性的な表現全てを「女性の性の商品化・搾取」と切り捨てるのはあまりに問題を単純化していると思います。足立のピンク映画の中で、女性たちは単なる被害者ではなく、むしろウーマンリブ同様、セックス（エロス）を通して自己を探求しています。例えば、一九七一年の『噴出祈願 15歳の売春婦』では主人公の高校生の保子ら四人の若者たちは学生運動後の虚無感をセックスで埋めようとします。しかし保子は、それすらも虚しく感じ、セックスが単なる商取引に過ぎないとはどういうことかを知るために売春してみますが、その結果父親のわからない子を妊娠し、周囲の人々を巻き込んで破滅に向かっていきます。

この映画は、一九六〇年代の学生運動の敗北による精神的・政治的空白の中で、一七歳の女性が実際に書いた詩と遺書をもとに作られました。「自身の身体は主体性を失い、自ら茶番を宣言する」という自殺者の遺言から読み取れるように、足立が描いたのはセックスをツールにして世界とのコミュニケーションを図り、自分自身の生き方を問う若者の苦闘です。この時代のエロスは単に男性の性衝動を満足させる娯楽商品（ポルノ）ではなく、セックスを通じて自身の身体性や感覚、ひいてはその政治性を知るという、むしろリブの主張に近いものでした。もちろん、このような作家性を持った作品は少数で、女性の性を商品化したものがほとんどだったでしょう。

しかし、どれが「芸術」でどれが「単なる商品」かを、誰が、どのような基準で決定できるのでしょうか？

「ピンク映画」については、内容とともにその制作現場が非常に男性中心主義であったという批判もあります。しかし、そこに女性が全くいなかったわけではありません。若松プロの女性助監督だった吉積めぐみについてはのちに映画化*されましたが、彼女は早世してしまいました。もう一人、浜野佐知は一九六八年に若松プロに入り、すぐにやめた後もピンク映画業界に残って約四〇〇本の映画を撮りました。しかし、ピンク映画の監督たちは主流の映画業界から差別を受けていたため、女性監督という稀なポジションにいた浜野の存在も見過ごされがちでした。浜野は「エロこそが女性が表現できる場」として、

女性のセクシュアリティーを私は解放したい［……］「囲われ、フタをされ、自由に飛ぶことの出来ない女性の性を、女の手に取り戻す」ということです。女の性は男のものでも、家族のものでも、社会のものでもない。ましてや、産業でもない。女の性は女のものなんです。▼3

と言っています。九〇年代より、浜野は年配の女性のセクシュアリティや女性同士の関係をテー

＊『止められるか、俺たちを』白石和彌監督、二〇一八年、若松プロダクション

マにした映画も積極的に制作しています。

舞台芸術や映画に比べ、視覚芸術では一九六〇年代後半から七〇年代前半のアングラ文化圏で活躍した女性アーティストで歴史に残っている人は多くありません。現在でも名を知られている草間彌生、オノ・ヨーコ、久保田成子、塩見允枝子らの前衛芸術家たちは六〇年代半ばニューヨークに渡っています。前回紹介した橋詰米子は、作品を警察に没収された後、完全に消息を絶っています。もちろん、伝統的な日本画や抽象絵画を描く「女流」画家はいましたが、その多くは既存の純粋芸術の範疇に収まる作品で、時代の文化や社会、政治のエートスを反映した作家は極めて稀でした。その中では例外として、地方在住でフェミニズムに影響を受けたアーティスト二人を紹介します。

田部光子（一九三三－）

九州・福岡の前衛芸術家集団「九州派」の唯一の女性メンバーでした。一九六一年に「人工胎盤」を制作し、女性の身体や生殖をモチーフにした作品を発表し続けました。七〇年代には男尊女卑の風潮が残る九州で、女性アーティストの相互扶助やより平等な評価を求めて「九州女流画家展」とその事務局を立ち上げました。しかし、東京から離れた場ということもあり、美術界の主流からはほとんど注目されてきませんでした。二〇二二年に福岡市美術館で回顧展が開かれ、担当学芸員による丹念な調査によるカタログも出版され、初めて彼女のフェミニスト・アーティストとしての全容が明らかにされました。

岸本清子（一九三九 - 一九八八）

一九六〇年に前衛芸術集団「ネオ・ダダイズム・オルガナイザーズ」に唯一の女性メンバーとして参加しました。しかし、ネオ・ダダのイベントではビキニの水着を着せられ、他の男性メンバーが投げるカラーペイント爆弾の標的にされるなど「紅一点」として利用された感があります。その後は名古屋を拠点とし、自らを「魔女」と称して制作やパフォーマンスを続け、時には国会議員選挙に出馬し、政見放送を芸術表現の場として活用するなど画期的な活動を繰り広げましたが、中央美術界から顧みられることなく病気で早世しました。近年になってやっと地元の愛知で作品展が開かれるようになりました。

浜野、田部、岸本は九〇年代になってフェミニスト・アート研究者や学芸員の研究により「再発見」されました。彼女たちの他にも地方で顧みられることなく歴史に埋もれていった女性アーティストは多いことと思います。

ここでちょっと問題にしたいのですが、女性による表現は男性による表現よりも「フェミニスト」的であるのでしょうか？　美術史に残っているアーティストは圧倒的に男性ですが、そのような男性中心の美術界で男性によって作られた作品はフェミニスト・アートではあり得ないのでしょうか？　今回は足立の映画を取り上げましたが、男性作家による作品も優れてフェミニスト

▲中村宏著、嶋田美子編『応答せよ！絵画者』

（リブ）的な問題意識を持っているものがあります。美術でも七〇年代、中村宏の「制服少女像」はポップアートにありがちな女学生を性的な目線で描いたものでは断じてありませんし、それをフェミニズムで読み解くことが可能です。[4] しかしながら、中村が「フェミニズム美術史」に加えられることはまずないでしょう。一方、女性アーティストによる表象は無条件でフェミニスト・アートであるとも言えません。塩見允枝子のコンセプチュアルな作品をフェミニズムで読むことは不可能ではないかもしれませんが、性や身体性との関わりが薄く、フェミニズムの影響も見られない作品を、六〇年代には珍しい女性アーティストだからといってフェミニズム・アートで取り上げることは困難ですし、安易にしてはいけないと思います。もちろん、女性アーティストはその性ゆえに男性アーティストとは比べものにならない困難を経験せざるを得ず、そこからおのずと女性アーティストならではの問題意識も芽生えるでしょうが、それが直接作品に反映されるとは限りません。それをあえて反映させない作家もたくさんいます。「女性」という、現在ではかなり複雑な問題のある定義を単純に「生物学的性」としてしまい、それに当てはまる作家を掘り起こしたり、むやみに高く評価したりするのはフェミニズム・アートをニッチに追い込むだけではないかと思います。女性作家だからといってフェミニスト・アートであるとは一概に言えないのと同様、男性作家だからといってフェミニスト・アートではないとも言えない、ということはきちんと押さえておくべきです。作品を評論するとき作家の出自や性別、その作品が作られた社会状況を考慮しなければならないのはもちろんですが、作品自体が軽視されていいはずはありません。作家の生物学的性別以上に、その作家のジェンダーに対する意識、そしてそれが個々の作品にどう反映され、表現されているのかを慎重に見ていく必要があります。

第5回

1975-80年代：上からの改革と消費文化

分岐点としての一九七五年

一九七〇年代前半のウーマンリブ運動と、国連国際婦人年である一九七五年以降の女性運動は、思想も組織原理もかなり異なり、対立さえしているのに、この二つの運動が全く連続しているかのように「第二の波」として認識される傾向がある。このような歴史主義は、最近のフェミニストが、ウーマンリブの政治的急進性や、女性運動が成長し制度化されたときの変容を認識していないことを明らかにするものである。〔……〕フェミニズムの歴史は、社会運動が政治的権力を獲得するために経験した闘争を例証するものである。女性運動も、ゲイ運動や他のマイノリティの運動と同様に、成功すればするほど、権力に対して両義的であることを免れない。権力なしでは何も進展しないが、一方で、権力を獲得することによって、自分たちが戦ってきた既存の社会構造の一部と化してしまうのである。この困難を弁証法的に克服することで、フェミニズムは二一世紀に「新しい社会運動」として繁栄することができるだろう。[▼1]

——牟田和恵

一九七五年は日本のフェミニズムの一つの分岐点と言ってよいでしょう。これまで見てきたように、日本のフェミニズム史は漸進的に進んできたのではありません。明治以後に生まれた女性運動のうち、革命的なアナキスト女性運動家たちは昭和初期に抹殺され、穏健派の第一波フェミニストたちは戦前〜戦中に国家主義に吸収されてしまいました。戦後第一波は復活し、七〇年には第二波フェミニズムであるリブが誕生します。しかし一九七五年を境にしてリブが衰退し、第一波を中心としたフェミニズムが政府と協調してフェミニズムが制度化されます。そしてその制度化に伴って、フェミニズムと権力の関係が複雑化していきます。牟田和恵は「権力を獲得することによって、自分たちが戦ってきた既存の社会構造の一部と化してしまう」と書いていますが、厳密に言えば七五年以後も、今でも、フェミニズムが「権力を獲得」したことはありません。ここで論じられる「制度化」にもフェミニストは「協力」「助言」という形でしか関わらせてもらっていませんし、政府方針に対する意見はほぼ無視されました。権力の一部になることと権力を獲得することは全く違います。これはきちんと認識しておくべきです。

世界女性会議・国際婦人年連絡会（ＩＷＹＬＧ）

一九七五年、メキシコシティで第一回世界女性会議が開催され、「女性の一〇年」が宣言されました。これを受けて、日本政府もこれまで顧みられてこなかった国内の女性差別問題に対処する具体的な政策を迫られました。同時に、七五年は高度成長が一段落し、製造業からサービス業へと産業の質的変化の中で、今後の安定経済成長のために女性の労働力の拡充が期待された時期でもありました。政府による「女性問題」への取り組みも、主眼はここにありました。

世界女性会議を受けて、日本では「国際婦人年連絡会」（ＩＷＹＬＧ）が結成されましたが、これは主に歴史ある四一の女性団体（ＹＷＣＡ、労働組合婦人部、母親運動グループ、主婦グループ、赤十字看護婦グループ、農業協同組合婦人部など）で構成されていました。ＩＷＹＬＧの初代会長は、戦前からの女性運動家である市川房枝ですが、彼女の戦中の軍への翼賛は不問にされました。ＩＷＹＬＧの他の有力メンバーも、同様に軍に翼賛した戦前からの活動家が多数を占めました。ＩＷＹＬＧのスローガンは、「平等、発展、平和」であり、既存の権力構造の中で、特に職場における女性の権利の向上を目標としました。ＩＷＹＬＧを構成するグループの中には、ウーマンリブ運動の過激で個人的なアプローチに否定的な声も少なくありませんでした。同様に、ウーマンリブのメンバーもＩＷＹＬＧに批判的でした。ウーマンリブは、国連や政府主導のイベントに反対し、

ＩＷＹＬＧのアプローチは資本主義システム内の平等を擁護するものにすぎず、また、ＩＷＹＬＧに参加した女性グループは、既存の女性の役割（母親、主婦、伝統的な女性の仕事）を代表しており、それを再強化していると批判しました。その結果、ウーマンリブ運動の穏健派メンバーでさえ、職場における女性の権利拡大を主目的とするＩＷＹＬＧに参加しないか、またはそこから排除されてしまいました。

ＩＷＹＬＧは、特にウーマンリブの性に関する問題提起やマスメディアが喧伝した過激なイメージに批判的でした。ＩＷＹＬＧは個人の性や身体には言及することなく、あくまで真面目で「清く正しく美しい」イメージを是としました。上図は一九七五年のＩＷＹＬＧのロゴと記念切手ですが、特に切手は七〇年代とは思えない、むしろ一九五〇年代かと思えるような古臭いデザインです。この保守的な美意識は、戦前からの、それもキリスト教ピューリタン的なモラルがその背景になっているのではないでしょうか。これは単に美意識だけの問題ではなく、ＩＷＹＬＧが根本的に第二波フェミニズムではなく、戦前の啓蒙主義、第一波フェミニズムを踏襲したものだということを示唆しています。一九七五年の断絶は六〇～七〇年代初頭までのラディカルな試みを一旦停止し、むしろ過去への揺り戻しへと女性運動を軌道修正しま

▲IWYLG のロゴと記念切手

した。

行動する女たちの会（WAG、一九七五－一九九六年）

一九七五年の国連婦人年を契機に、もう一つの女性グループが結成されました。このグループも市川房枝の発案によるものでしだが、ＩＷＹＬＧとは異なり、既成のグループではなく、個人の集まりでした。メンバーには、ウーマンリブに関係したり、共感したりする人もおり、いわば、ＩＷＹＬＧから排除されたウーマンリブシンパの受け皿となるものでした。

行動する女たちの会（ＷＡＧ）は、日常の現実的な性差別に注目しました。その最も典型的なものがハウス食品のインスタントラーメン（一九七五年）のＣＭに対する抗議運動です。ＣＭは、女優が「私作る人！」それに答えて男性俳優が「僕食べる人！」と言うもので、これをＷＡＧは既存の性別役割分担を固定・強化するものだと強く批判しました。彼女らが会社や新聞社などのメディアに手紙を送ったことにより、このキャンペーンは広く知られるようになり、女性たちから幅広い支持を得て、ＣＭを放送中止に追い込むことができました。これはマスメディアにおける性差別反対運動の最初の成功例となりました。

その後もＷＡＧは教育やマスメディアにおける性別役割分担や性差別表現に対する告発を続け、

一九八七年の「アンチポルノ集会」を皮切りに、性差別的な広告、職場でのヌードカレンダー、満員電車で目に入ってくるスポーツ新聞のポルノページ、コンビニでのポルノ雑誌の販売など、公共の場でポルノに反対するキャンペーンを行いました。彼女らの行動は、しばしばマスメディアによって「性的なことに対してヒステリックなフェミニスト」と揶揄され、フェミニスト＝性表現のwatchdog（お目付役）という堅苦しいイメージがマスコミによって固定化されてしまいました。ＷＡＧの告発は男女の性役割の固定化に対する異議申し立てであり、公共の場での性差別的な表象を改善させるのに大きく貢献したのですが、「アンチポルノ」と銘打たれたように、性差別的表現（性別役割など）と性的表現（ポルノなど）の違いに無頓着なところがあり、また、否定的な性表現を告発するのみで、女性のセクシュアリティのオルタナティブなイメージを提案するには至りませんでした。これはフェミニズムと表現の自由に関わる問題として現在にも続く課題です。

上からの変革↓ネオリベ（一九七五－一九九〇年）

政府は国際婦人年を受けて一九七五年、総理府に戦後初めて「婦人問題企画推進本部」を開設し、婦人問題担当室を置きました。また、「女性の一〇年」の間に各地に行政主導による「女性センター」が開設されました。これ以前には「婦人会館」という女性のための公共施設がありましたが、これは戦後占領軍の主導で作られたもので、民主主義・男女平等を浸透させるための啓蒙を目的とし、文部省・教育委員会の管轄下にありました。「女性センター」は行政主導ではありますが、その運営は民間の財団が担い、女性の自立、社会参加、様々な団体の活動支援、ネットワーク作りなどを推進するための場となりました。八五年までには全国の都道府県に女性行政窓口が置かれ、女性センターの建設が進みました。そして一九八五年には男女雇用機会均等法、一九九九年には男女共同参画社会基本法が制定されました。

一九七五年以前と比べると女性問題に政府が本腰を入れ、男女平等に向かって大飛躍したように見えます。では、これらの上からの改革は、日本社会における性差別を解消したのでしょうか？　もちろん、改善された部分はあります。寿退社（結婚したら女性が仕事を辞める）、ＯＬ（女性社員はお茶くみとコピーとりだけ）はさすがに死語になりましたし、女性も総合職または一般職のキャリアパスを選べるようになりました。しかし、均等法後四〇年近く経った今も、根本的な変化には至っていないと言わざるを得ません。まず第一に、決定権のある位置にいる女性はいまだに政治・経済の分野で非常に少数です。大企業の経営陣や国会議員に占める女性の割合は、衆議院で一割前後です。アファーマティブ・アクションは「非拘束的な目標」に過ぎず、それを実施するための法的根拠はありません。第二に、男女の収入格差は改善されていません。女性の収入はいまだに男性の七五％（正社員年収、二〇一九年調査）しかなく、妻が夫と同等以上の収入を得ている比率は、日本では五・五％（ＩＳＳＰ二〇一二―トップはインドの五二・九％）です。その主な理由は、これらの法律が同一賃金に関する新たな制度を導入したわけではなく、違反企業への罰則もないからです。第三にはこの改革が雇用の規制緩和のトリガーになり、結局は女性を非正規雇用に追い込む結果になったことです。上野千鶴子は「一九八五年に成立した男女雇用機会均等法から女性の分断が始まりました。一九八五年が『女性の格差元年』です」と断言しています。[2]正社員として「キャリア」組になる女性は男性同様に働かせる代わり、経営者は「高い給料を払ってる女にお茶くみをやらせるのはもったいない。そこは派遣で補おう」ということになったのです。[3]

実は、当初から政府は男女平等にそれほど熱心ではなかったのではないでしょうか。一九六〇年代に猛烈な経済成長を遂げた日本は、世界の経済大国としての地位を確立し、一九七〇年代半ばには、女性の問題に目を向け、またそれをより効率的に活用する「余裕」ができたと思われます。しかし、これらの変化は、第二次世界大戦後、アメリカの占領軍によって初めて実現した婦人参政権と同様、フェミニストたちの平等を求める闘いによって達成されたとは言えません。ＩＷＹＬＧは政府の作業委員会の一部に「招待」されましたが、それは助言と協力のためであり、意思決定に直接参加はできませんでした。一方、ＷＡＧは職場における男女差別の問題に焦点を当て、働く女性の権利の平等を求めていました。一九八五年の男女雇用機会均等法に際しては、これを男女差別の真の改革なしに労働市場に女性を動員するための手段だとし、反対を表明しました。しかしながらＷＡＧの声は法律には反映されず、この法案について政府との協力路線を選んだＩＷＹＬＧとも距離を置く結果になりました。ＩＷＹＬＧは、先に述べたように、戦前から確立された女性団体の集合体であり、「草の根」とは言い難い存在でした。そのため、ほとんどの女性、特に若い女性にとって、この上からの改革に当事者として直接的に関与しているという感覚は希薄でした。当時二〇代だった自分の実感でいうと、これらの改革の結果を享受したとはいえ、依然として就職・賃金差別が存在するのは身にしみてわかっていたものの、それに対して行動を起こすすべを知りませんでした。時はバブルの真っ只中で世の中にお金が回り、非正規労働者の時給も今とは比べ物にならないほど良かったので、切実に変革を求める必要性もあまり感じられませんでした。そのため、これらの改革を厳しく精査したり、その意味をよく考えたりすることも当時一般女性の間では少なく、単にその変化を「受け入れる」というだけでした。

現在の視点で見直すと、七五年以降の上からの改革がいかにネオリベラリズムの先駆けだったかということがよくわかります。女性学の竹信三恵子は二〇〇四年にこう述懐しています。

男女雇用機会均等法と男女共同参画社会基本法は、基本的に、高齢化社会の将来において経済システムを維持するために、労働力として女性を動員するためのものであった。性差別の撤廃が主眼ではなかった。男女雇用機会均等法は、既存の権力構造を維持しながら女性の労働力を搾取する典型的な新自由主義政策だった。▼4

アングラから消費文化へ（一九七五－一九九〇年）

七〇年代半ばまでには反権力を標榜する政治的な動きは影を潜め、カウンター・カルチャーもその政治性を抜き取られて「サブ・カルチャー（サブカル）」へと変化しました。八〇年代の文化はバブル経済の影響を受けて商業主義に圧倒されるようになります。その中で女性は創造する側というよりは消費者としての存在が強調されるようになりました。「キャリア・ウーマン」として仕事に就き、ファッションや文化にお金を使う余裕ができたのです。「強い女」イメージが広告で喧伝され、それに対抗するかのように「カワイイ」文化が発生しました。しかしこれらは結局は実体を伴わない「イメージ」バブルだったのです。

一九七〇年の富士ゼロックスのテレビＣＭは、猛烈な経済成長から豊かで成熟した優しい社会への移行を示すものでした。コピー機のコマーシャルでありながら商品は登場せず、ヒッピー風の長髪の男が銀座の街を一人で歩いてきます。手には「BEAUTIFUL」と書かれた白い紙。最後に画面いっぱいに「モーレツからビューティフルへ」という惹句とゼロックスのロゴが映し出されます。このＣＭは、具体的な情報よりもイメージやムード優先の「フィーリング広告」の先駆けでした。このＣＭの中の「ビューティフル」という言葉は、ますます物質主義的な社会の中で、より人間らしいものを求める気持ちを表していたのでしょうが、皮肉なことに、この希望はすでに資本主義システムに取り込まれ、広告という媒体を通じて「満足」させられたのです。このCMは、商業メディアによるイメージ操作を通じて、人々の欲望を搾取する時代の幕開けでした。

マスメディアの情報戦略は、東京の姿だけでなく人々の行動も変えていきました。一九七二年に創刊された首都圏の文化情報週刊誌『ぴあ』は、東京を商業化された情報のカタログとしてマッピングし、観客を能動的参加者から受動的消費者へと変えました。また、不動産バブルとともに大企業、地主、不動産業者、行政、警察による公共空間の完全な支配が進行しました。寺社の境内やその周辺、河川敷、空き地、公園など、その所有権や使用権が曖昧にされていた空間が、既存の秩序や商業的価値を脅かすような集団や事件を排除するために厳しく規制されるようになりました。これはすでに六四年の東京オリンピックから始められていたことですが、それが一〇年を経て完成したのです。社会学者の見田宗介は、このポスト高度成長期一九七〇年代中頃からを「虚構の時代」と名付け、マスメディアが作り出す商業的なイメージが、生活から「リアル」や「ナマ」を排除し、「情報化・消費化」社会構造が作られたとしています。[▼5] 一九七三年、西武流通グループが運営する商業ビルであるパルコが渋谷にオープンしました。これは、若者文化の中心が、アングラ文化の中心であった新宿から渋谷に移行したことを示すものでした。西武の綿密なイメージ戦略により、リアルな日常生活の匂いを排除した渋谷は、「カッコイイ」「カワイイ」を求める消費者の天国となったのです。

パルコはファッション小売店が入居する貸しビルに過ぎないのですが、石岡瑛子（一九三八－二〇一二）がデザインした「新しく強い女性」広告キャンペーンポスターによって、パルコがあたかも非常に斬新な文化の発信地であるかのような錯覚をもたらしました。しかし、そこには実質性はなく、見田のいわゆる「虚構」のイメージが氾濫していたのです。バブル期を目前にして、女性、特に都会に住み、可処分所得のある若い働く女性が消費者代表としてイメージされるようになりました。しかし、実際にはまだ女性の収入は男性の同僚より格段に少なく、男女雇用機会均等法のおかげで選べるようになった「キャリアパス」も、結局は「腰掛けＯＬ」に甘んじるか、長時間「社畜」として働くかの選択に過ぎず、その上女性管理職は依然としてガラスの天井に直面しなければなりませんでした。「キャリアウーマン」が華々しく持ち上げられ、肩パッドの入ったパワースーツの女性像がマスメディアを賑わせましたが、実際にはその道を選ばず、親と同居し、将来自分の面倒を見てくれるサラリーマンの夫を見繕いながら、消費者としての権力を享受する一般職の若い女性たちの方が多数派でした。

石岡の広告の虚構性は、広告に登場する「強い女性」が全て外国人、それもアフリカやアジア（ただし日本人ではない）の女性であることに表れています。日常的な場面に登場する普通の日本人女性は出てきません。一九七〇年代後半から、日本では「エスニック」という言葉が一般化されたのですが、それは発展途上国のエキゾチックなものを意味しました。西武資本傘下のレコード店ＷＡＶＥは、アフリカやアジアの民族音楽を「ワールドミュージック」として紹介し、渋谷を中心に「エスニック」レストランや「エスニック」ファッションの店が流行しました。それはあたかも、「他者」の美を愛でる一九世紀ヨーロッパの植民地主義者の視線を日本人が「名誉白人」として受け継いだかのようでした。実際、経済大国になったことで、日本人は自分たちを欧米先進国と同等またはそれ以上だと考えるようになり、アジア・アフリカを愛玩動物のように見る態度が増長しました。石岡瑛子はレニ・リーフェンシュタールの熱烈なファンだったそうですから、推して知るべきでしょう。また、ＪＲのキャンペーン「ディスカバー・ジャパン」の広告には着物、京都、お寺など、日本の伝統美がクローズアップされますが、その風景を「発見」するのは最先端ファッションに身を包んだ一見国籍不明の若い（日本）女性です。ここでは日本の風景すら「エスニック」化され、その薄っぺらい観光資源としての「日本」は、現実の日常生活からも、土方や暗黒舞踏が復活させようとした前近代的でグロテスクな日本からもかけ離れています。植民地主義者の視線を装着した女性たちは「エスニック」を消費することによって「新しく、強い女性」になる幻想を見たのです。

一方で、肩パッドの「キャリア・ウーマン」に違和感を持つ女性たちは「カワイイ」に群がりました。一九七四年に「ハローキティ」が誕生し、サンリオは自社が開発した「カワイイ」キャラクター商法で一大企業へと成長しました。「カワイイ」イラストは大正時代から少女向け雑誌などに存在していたのですが、それらは主に小中学生向けで、社会に出た大人が夢中になるものではありませんでした。リブが誕生し、女性の自立が叫ばれ、労働環境も曲がりなりにも改善しつつあった七〇年代半ば以降に、「カワイイ」が爆発的な人気を博したのは、自立を試みるのに疲れた女性たちの現実逃避もあるかもしれません。八〇年頃「ピーターパン症候群」という言葉が日本でも流行しました。アメリカの通俗心理学では主に「大人の男になりたくない男性」に当てはめられますが、日本では八〇年代、男女問わずに陥る例が多いように思います。これまでのように親の言うことを聞いてお見合い結婚をし、「娘」からすぐに「嫁」「母」になるコースは古臭くていいや、でも「男並み」に頑張ってキャリアを極めるのもいやだし、リブのように自立して婚外子を持ったり政治活動で苦労したりするのもいや。親の家に寄生して、適当に仕事をこなしながら可処分所得で「カワイイ」を消費し、「カワイイ」の世界に逃避し続ける……。

一方で、これを単に現実逃避と片付けるのではなく、「カワイイは正義！」を旗印にした「女の子」の反乱＝第三波フェミニズムの先駆けとする見方もあります。「まともな大人の社会人」として結婚して家庭に落ち着くことや、地味な職業婦人になることだけがフェミニズムじゃない、私たちはいつまでもアンファン・テリブルとしてやりたいことをやる！というのが八〇年代末からの欧米での「ガール・パワー」ムーブメントだったのですが、これが日本にそのまま当てはまるかというとそれは疑問です。日本の「カワイイ」は商業主義と親和性が強すぎ、「女の子」は結局は受動的な消費者の域を出なかったのではないでしょうか。ただし、「カワイイ」はこの後も日本文化の核であり続け、多種多様な表現も生まれているので、今後より詳しい研究が求められます。

七五年～八〇年代を席巻した「強い女」「エスニック」「カワイイ」も全て虚構のイメージでし

た。バブル景気で浮かれた世間に一時的に咲いた徒花と言ってもいいでしょう。まもなくしてバブルは弾け、「ジャパン・アズ・ナンバーワン」も実体がなかったことが明らかになります。リブの理念を一部受け継いだ「行動する女たちの会」、は参加者減少のため徐々に活動を縮小せざるを得ず、一九九六年に解散します。「国際婦人年連絡会」は現在も存在していますが、国連や国会への提言を作る程度の活動しかしていません。「上からの改革」とキラキラまばゆい消費文化の圧倒的な光の陰で、「女性差別」に取り組む地道な草の根活動は衰退していきました。

実践編

第6回

1990年代以降：アカデミック・フェミニズムとフェミニスト・アート

女性学からジェンダー研究へ

一九七四年、井上輝子が和光大学で初の女性学講座「女性社会学」を開講し、一九七五年、お茶の水女子大学付属の全国初の女性文化資料館が開設、一九七九年には水田宗子らによって日本女性学会が設立されました。日本でのフェミニズム理論の紹介は、一九七五年の国際婦人年と重なります。井上、水田の両氏はアメリカに留学し、そこから女性学を導入しています。一九七〇年代後半になると、さらに講座や学協会が発足しましたが、女性学の修士課程を置く大学はまだ少なく、お茶の水女子大学と城西国際大学のみでした。

八〇年代には「上からの改革」による女性センターの設立を受け、各地で女性のための講座やワークショップが行われるようになります。これは女性学の裾野を広げるのに大いに貢献しましたが、一方ではそれまで公民館や仲間の自宅などで自分たちの場を作ってきた草の根フェミニストのグループは、莫大な予算を持つ行政に圧倒されてしまいました。特に行政に対して非協力的スタンスをとってきた女性団体は新規会員を獲得できず、九〇年代には次々に解散していきました。この流れの中で主導権を握ったのが、学者がリーダーシップをとる行政プロジェクトで、これは女性学と行政が密接な関係を持った上で、女性運動をとりこんでいった流れだと山口智美モンタナ州立大学准教授は分析しています。[1]労働組合、主婦連などのデモや集会などによる直接行動も影をひそめた九〇年代、フェミニズムといえばアカデミックな女性学を想起するようになりました。

日本のアカデミズムでは八〇年代の終わり頃から「ジェンダー」という言葉が使われ始めました。『広辞苑』では、九一年（第四版）に初めてジェンダーが「社会的・文化的に形成される性別」として掲載されるなど、生物学的な「性差、性別」と区別する言葉として普及するようになり、九五年頃より広く使われるようになりました。それまでの「女性運動」において性別二元論や異性愛主義に対する批判が薄く、ともすればエッセンシャリズム、母性主義に傾きがちだったことを考えると、ジェンダー論は、それまで自然・自明のものとされてきた「女」という概念をもう一度考えさせるもので、フェミニズム理論の進展に大いに寄与しました。これによってフェミニズムは生物学的女性のものだけではなく、男性を含む多様な性自認、性志向を持つ人たちとも共有することを可能にしました。のちには異性愛規範に対する「変態（クィア）」という概念が取り入れられ、生物学的性別自体が公的に構築されてきたのではないかという議論がなされました。ジュディス・バトラーは『ジェンダー・トラブル』（一九九〇年）で「セックスはつねにすでにジェンダーである」と論じ、セックスという生物学的な原因と、ジェンダーという社会的文化的な結果の区別を無効にし、原因と結果の転倒を行いました。

特筆したいのは、ジェンダー概念の導入によってフェミニズム視点からの表象文化・美術史の分析と見直しが可能になったということです。それまでの日本での女性運動は視覚芸術における新たな表現や視覚言語を作り出すという面が不足していました。戦前からのリベラル女性運動は五〇年代の社会主義リアリズムの教条的イメージから一歩も出ることがなく、リブ以後の運動も男性中心主義の性差別的表象を批判しましたが、それに代わるイメージを創造するには至りませんでした。美術史においても、男性中心の歴史を批判するのは良いとして、そこから排除された女性アーティストの掘り起こし——それも「女流」アーティスト（特にジェンダー問題を意識していない）とフェミニスト・アーティストの区別なく——に終始するのは、男性主体の「美術史」を補完する別枠の「女性美術史」を作るに過ぎず、それは従来の歴史に女性の存在を「接ぎ木」するだけであり、「歴史」という名の男性の歴史を揺るがすものになり得ません。女性というジェンダーの視点を通じて歴史を見たとき、どのように歴史の描かれ方が変わるのか、ジェンダーから歴史自体を読み直す／読み替えることが大切です。ジェンダー研究とは、「男性の視点によってのみ構築されてきたあらゆる分野の学問基盤となっている知を、男性視点が客観的視点とは同義にならないという観点から読み直し、再評価を行うこと▼2」であり、それは私たちが新たに獲得した領域横断的な分析方法や分析視角でした。

私自身、学問としてのフェミニズムに興味を持ったのはちょうど九〇年頃からなのですが、お茶の水女子大学のジェンダー研究会などで見聞きした新しい理論は非常に新鮮で魅力的で、それによって新しい世界に目を開かれる思いでした。それ以前のリブの流れをくむ草の根女性運動や労働運動も重要な活動をしていたとは思うのですが、当時二〇～三〇代の女性にとって、古い公民館の殺風景な会議室で年配の女性たちが暗い感じで性差別について真面目に話し合っているところには入っていけない感じがしました。実際、入ってみたこともあるのですが、「何も知らないくせに」と年長のフェミニストから怒られたりしました。キラキラなバブルの残滓がまだ残っている社会で、どうしても地味で暗くて内向きな女性運動には参加しようとは思えませんでした。今思うと若年者の傲慢な態度だったとは思いますし、マスコミによるネガティブ・キャンペーンもありましたが、女性運動側にも過剰な自己正当化、若い世代へのアピール力の欠如があったということは自覚すべきだと思います。

（そして遂に！）フェミニスト・アートの美術展（一九九六年）

ジェンダー概念に拠る表象文化分析・研究が日本でも進み、千野香織（一九五二－二〇〇二）、萩原弘子ら美術史家やキュレーターの笠原美智子によって、一九九〇年代になってようやくフェミニストによる視覚芸術・美術史の分析が行われるようになりました。前述の通り、一九六〇年代、七〇年代にはフェミニスト・アートの作品はほとんど存在しないとされていましたが、作品があっても、それを正しく評価するフェミニスト・アートセオリーが存在しなかっただけかもしれません。

そしてジェンダー視点から構築された美術展が遂に日本でも開催されました。一九九六年、東京都写真美術館で開催された「ジェンダー 記憶の淵から」展です。笠原がキュレーションしたこの展覧会は「ジェンダー」をタイトルに冠した日本で初めての展覧会でした。参加アーティストはTrinh T. Minh-ha, John Coplans, Laurie Toby Edison, Hung Liu, Mari Mahr, Lorna Simpson, Yoshiko Shimada, Mitra Tabrizian, Carrie Mae Weems, Hannah Wilke, Masumi Hayashiであり、コプランズを除く全てのアーティストが女性でした。その出自もイラン、日系米人、アフリカ系米人、日本、ベトナム、イギリスと多岐にわたり、西欧男性アーティストに偏りがちな日本の国際展では異例のことでした。内容も「記憶」をキーワードに、歴史、戦争、人種、ディアスポラ、身体、病気、家族、ルッキズムなど単に「女性性」に帰結するだけではない、現在でいうところの「インターセクショナリティ」を問題にしています。実際、すでに三〇年近く前の展覧会でありながら、それぞれの作品が問いかけている問題は非常に今日的なものであり、展覧会自体今見てもとても新鮮です。笠原は続く「ラヴズ・ボディ」(一九九八、二〇一〇)でセクシュアル・マイノリティの身体、エイズの問題をテーマにしました。これらの展覧会をはじめ、笠原がキュレーションした多くの展覧会は、常にジェンダー視点を持ち、主に女性・クイア・アーティストを取り上げました。

　この時期、「ジェンダー」が一種のバズワードになり、笠原以外の女性キュレーターもジェンダー、女性に関する展覧会を企画しました。九六年から九七年にかけてだけでも、松濤美術館の「女性の肖像」（一九九六－九七、光田由里企画）、世田谷美術館の「デ・ジェンダリズム　回帰する身体」（一九九七、長谷川祐子企画）、水戸芸術館の「水戸アニュアル'97　しなやかな共生」（一九九七、逢坂恵理子企画）、栃木県立美術館の「揺れる女／揺らぐイメージ　フェミニズムの誕生から現代まで」（一九九七、小勝禮子企画）など、毎月のようにジェンダー、女性に関する企画展が開かれました。これに対して一九九六年、一部の男性美術史家・ジャーナリストと千野の間で、悪名高い「ジェンダー論争」[3]が勃発しました。男性陣は、「ジェンダー／フェミニズムは日本の美術にそぐわない外国からの輸入概念だ」と主張し、千野らは真っ向から反論しましたが、男性陣は論点をかわして本質的議論にはなりませんでした。のちに福住廉は、この「論争」が露呈したのは「ジェンダー批判の言説が全般的に論理的な説得力に乏しいこと、そしてジェンダー批判論者たちが墨守する『美術の自律性』に男性原理がひそんでいることだった」と断じています。[4]

　この男性からの「ジェンダー」関連展への感情的な批判は、一九九三年のホイットニー・ビエンナーレを思い起こさせます。これは三人の女性（一人は

▲「ジェンダー　記憶の淵から」展カタログ

アフリカン・アメリカン）と一人の男性のキュレーションチームの企画で、人種、セクシュアリティ、女性などのアイデンティティ・ポリティックスや社会問題を扱った作品を中心にそれまでにない多様なアーティストが参加した画期的な展覧会でした。しかしながら、「美術館史上最も批判されたビエンナーレ」とされ、保守的な批評家からは「政治的すぎる、単純、質が悪い、わかりきったことを言っているだけ」など表面的で感情的な批判が嵐のように巻き起こりました。▼5 しかし、この展覧会も今見ても、「ジェンダー 記憶の淵から」同様、現在にもつながる「インターセクショナリティ」を問題にしていて非常に今日的です。また、同時代の社会問題にアーティストだけでなく、インスティテューションがいかに向き合っていくのかを最初に示した展覧会でもありました。これが日本の「ジェンダー」関連展に影響をもたらしたとも言えるでしょう。

嶋田美子の作品

私は九〇年代初め頃からギャラリーや美術館で作品発表を始めました。ちょうどジェンダー／フェミニズム・アートが興隆してきた時期にあたり、非常にラッキーだったと思います。上記の展覧会では「ジェンダー 記憶の淵から」と「しなやかな共生」に出品しました。私の作品を通してこの時代のフェミニズム・アートとの関係についてお話ししたいと思います。

私は東京西郊外の立川で生まれました。立川には大正時代（一九二二年）に陸軍航空部隊の中核拠点として建設された立川基地がありました。当初は民間の飛行場としても使われましたが、一九三三年以降は陸軍専用基地となり、一九四五年から一九七七年までは在日米軍基地、返還後は自衛隊が使用しています。一九五〇年代には米軍基地拡張に反対する「砂川闘争」、六〇〜七〇年代にはベトナム反戦運動の中心となった地域です。現在の沖縄同様、立川はアメリカとは切っても切れない土地でした。立川はカリフォルニアに姉妹都市があり、私は都立国立高校在学中に姉妹都市交換学生として初めてアメリカに渡り、卒業後はその縁でカリフォルニアのスクリップス大学（人文系の女子大）で学びました。日本の大学には行かなかったことは今でも人生最良の決断だったと思いますが、おかげで大学では露骨な男女差別を受けずに済み、メンターとなる女性教授や優秀な女子学生に囲まれ、特に「女性学」の講座があったわけではありませんが、日常の生活から女性の可能性を全く疑うことなく勉学に励むことができました。人文学と美術の学士号を得て、八二年に卒業し、八〇年代の「バブル経済」の真っ只中に日本に帰ってきましたが、その恩恵はほぼ受けませんでした。ただ、奨学金の一部を返すためにしばらくフルタイムで働きましたが、今に比べたら破格の時給で一年ちょっとで返すことができました。八〇年代末になると、マスコミは連日、病床の天皇の様子を報道し、一九八九年一月に天皇が死亡すると、メディアには第二次世界大戦を中心とした昭和の時代についての記事や写真が雪崩を打つようにあふれました。日本では高校までの歴史の授業では明治以降の現代史はほとんど教えられませんので、連日流される昭和時代の映像に非常に興味を持ちました。しかし、それらはノスタルジックなトーンで過去のものとしてパッケージされていました。天皇の戦争責任については、全く触れられず、まるで天皇とともに歴史が死に、墓に入れられたかのようでした。

Past Imperfect（不完全な過去）

メディアにあふれた戦時中の日本を見ると、そこには国防組織に熱心に参加し、出征する兵士に元気よく旗を振り、竹槍や射撃訓練を嬉々として行っている女性たちの姿が多く見られました。戦後日本の平和・歴史教育では「女性や子供は常に戦争の犠牲者」「女性（特に母親）＝平和」が常套句でした。しかし、戦時中の日本女性の役割について調べ始めると、日本の女性は戦争を支援する全国組織「大日本国防婦人会」に統括され、「母性愛」の象徴である白い割烹着を制服として銃後の様々な活動に励んでいました。植民地であった朝鮮で撮影された写真には、やはり白い割烹着を着た日本の女性植民者たちが、「朝鮮匪賊」（植民者が土地を奪った相手）から自分たちを守るために、憲兵から射撃術を学んでいる姿が写っていました。母性（割烹着）と暴力（ピストル）の並置、そして日本の女性が全て「被害者」ではなく、植民地支配の加害者であるという事実は、私にアジアにおける自分の立場を考えさせざるを得ませんでした。また、同時期フェミニスト歴史学者の鈴木裕子が国立市公民館で「翼賛と抵抗」という講座を行い、日本の有名フェミニストの軍事政権と天皇制への翼賛を論じました。この戦争中の日本女性の歴史的写真をもとにした銅版画シリーズ「Past Imperfect（不完全な過去）」は、一九九〇年代初頭から制作されました。

Comfort women/women of Conformity（慰安の女・翼賛の女）

その後、一九九一年に金学順（キムハクスン）さんが日本軍性奴隷（「慰安婦」）であった過去の証言を始めました。私は一九九三年から九六年までベルリンに住んでいたのですが、ベルリンには日韓の女性団

▲「射撃訓練」

▲「Comfort women/women of Conformity」

体があり、何人かの元「慰安婦」の女性をベルリンに招聘して講演会を開き、共同で「慰安婦」問題に取り組んでいました。私も日本人女性の会に入り、慰安婦問題について一緒に学びました。「Comfort women/women of Conformity」というシリーズは、軍事政権に協力した日本のフェミニストが書いたり言ったりしたことと「慰安婦」たちの証言を並列させた作品です。アーティストブック、インスタレーション、エッチング、パフォーマンスという形で作品化し、東京やベルリンのギャラリーや劇場で発表しました。これに関しては海外のプレス（『LA Times』、『The Wall Street Journal』、『Newsweek』など）から非常に高い評価を得たのですが、日本のメディアからは全く無視されました。しかし、笠原美智子による上記の「ジェンダー 記憶の淵から」展に参加することができ、これが最初の美術館展示となりました。

メイド・イン・オキュパイド・ジャパン（一九九八）

一九九五年は戦後五〇年で、当時日本は社会、自民、新党さきがけによる連立政権が誕生し、社会党の村山富市が首相でした。村山首相は日本軍が「慰安所」制度の確立に関与したことを認める声明を発表し、公式な謝罪には至りませんでしたが、日本の首相が初めて国家責任を認め、これで戦争犯罪について一応の共通認識ができたかに見えました。しかし、「慰安婦」および戦時性暴力は敗戦とともに終わったのか？ という疑問が私の中で生まれました。前述の通り、私は立川基地周辺で育ったのですが、一九六〇年代、私のクラスメートに多くのアメリカとの「混血児」がいました。彼らはいわゆる「パンパンガール」（基地売春婦）の子供たちでした。軍隊による性の搾取は、戦後の日本でも続いていたのです。また、この頃「新しい歴史教科書をつくる会」をはじめとする歴史修正主義者の反「慰安婦」、反フェミニズムの活動が活発化しました。彼らは「慰安婦は売春婦であって、当時売春は合法だったので、補償を求める権利はない」と主張していました。それもあって、この頃「売買春」について考えるようになりました。

▲「メイド・イン・オキュパイド・ジャパン」

一九九五年、トロントの大規模な日本の現代美術展に招待され、後述するアーティスト・グループ、ダムタイプの古橋悌二（一九六〇－一九九五）と出会いました。古橋は当時エイズを発症しており、この後まもなく亡くなったのですが、私にダムタイプのメンバーで、セックス・ワーカーの運動をしているブブ・ド・ラ・マドレーヌに会うことを強くすすめました。ブブにも同様なことを言っていたということで、古橋の死後、ブブに会い、立川の基地売春をテーマに共同制作をすることになりました。当時、立川は、今「大地の芸術祭 越後妻有トリエンナーレ」のディレクターとして有名な北川フラムがディレクションするパブリックアートプロジェクト「ファーレ立川」によって、ジェントリフィケーションが進んでいる時期でした。それは米軍立川基地跡に内外の有名現代美術作家の作品を設置し、立川を「文化都市」として再生する試みでしたが、そこが米軍（その前は日本軍）基地であったことは一切触れられていません。現代美術が過去の「（立川市にとっては）恥ずべき」歴史を覆い隠すのに使われたのです。

私とブブは、戦後の亡霊が戻ってきたかのように、米兵（私）と日本の娼婦（ブブ）に扮して、当時まだ残存していた立川基地の過去をうかがわせる風景の中でポーズをとりました。「戦時性暴力の延長としての基地売春」といっても、米軍男性＝悪、パンパン女性＝犠牲者というステレオタイプな「犠牲」の話にはしたくなかったので、私が米兵に扮することにしました。そして、それらのイメージにブブによる現代のセックスワーカーのテキストを加えて、スライドショーを作りました。これらの作品とその他の作品は、二〇〇〇年から二〇〇一年にかけてイギリスで開催された「Sex and Consumerism」展の巡回展に出展され、「Consuming Bodies」というカタログに掲載されました。

九八年からはＡＣＣ（Asian Cultural Council）の招聘でニューヨークＰＳ１滞在のため渡米しました。九二～九八年は比較的フェミニズムや政治的なアートに寛容な空気が広まり（もちろん反発はありましたが）、ニューヨークに発つまで、日本でもこのようにフェミニズムやジェンダーについての認識が広まっていき、「慰安婦問題」もなんらかの解決に向かうだろうと、将来を楽観視していました。まさかこの後フェミニズム・バッシングがこれほどひどくなるとは思ってもみませんでした。

クイア・アクティビズムとアート

「日本は西欧と違って宗教的な抑圧がなく、同性愛者に対して寛容である」とよく言われます。武士や僧侶の間でも「男色」が一般的に行われていたように、前近代の日本社会では男性同性愛はタブーではありませんでした。しかし、近代以降の日本では国家の単位としての「家制度」と帝国主義拡大のための「軍隊」が最重要ですから、その制度を揺るがしかねない同性愛は排除されることになりました。

同性愛者解放運動は一九六〇年代のアメリカで、学生運動、反戦運動、公民権運動、女性解放運動に呼応する形で始まり、一九六九年、ニューヨークにて、レズビアン、ドラァグ・クイーンやゲイ男性らによる警官の強制捜査に対しての抗議から始まった「ストーンウォールの反乱」がエポックメーキングとなりました。日本でも一九七〇年代中頃から同性愛者の権利を訴える団体が生まれました。中でも有名なのは東郷健の「雑民党」（一九七九年設立）です。雑民党は同性愛者を中心に他の社会的少数者を含めた団体で、東郷は地方・国政選挙に立候補し、少数者の権利を訴えました。しかし七〇年代の運動はまだ小規模にとどまり、多くの同性愛者は差別を恐れてカムアウトできない状態が続きました。一九九〇年代になってやっと、ゲイ・アクティビズム、ゲイ・スタディーズが広がるようになりました。一九九〇年には「府中青年の家事件」で「動くゲイとレズビアンの会」（アカー）が公共宿泊施設の使用を拒否した東京都を訴え、勝訴したことによって注目を集めました。一九九七年にはこの事件にも関わった河口和也、キース・ヴィンセントらが『ゲイ・スタディーズ』を著し、当事者による学術研究の途を開きました。

日本でこの時代ゲイ・アクティビズムに最も影響を与えたのはＨＩＶ／ＡＩＤＳ問題です。当時世界中でエイズ・パンデミックが広がっていました。一九八一年の発生以来、エイズで亡くなる人たちは地球規模で増え続けていましたが、当初は男性同性愛者の性交渉による感染症で、日本では問題にならないとされていました。一九八七年に神戸で女性初のエイズ患者が特定され、男性同性間だけでなく異性間感染もある、しかも感染者はセックスワーカーだったのではということで一大パニックが起こりました。個人情報が暴かれ、同性愛者だけでなく、セックスワーカーや外国人に対する差別や誹謗中傷もまかりとおりました。当時の日本のエイズ認識を象徴するポスターがあります。一九九一年の世界エイズデー（一二月一日）に向けてエイズ予防財団が作成したもので、ダークスーツの商社マンが日本の赤いパスポートをかかげて顔上半分を隠し、横に「いってらっしゃい　エイズに気をつけて」というコピーが書かれています。これが意味するのは以下の通りです：

——エイズはよその国でおきている、日本の問題ではない。

――日本男性は海外出張で買春をするものである。そして日本の賢妻はそれを黙認する。
――性感染とは売買春によるものであり、原因は売春女性にある。[6]

このポスターに対しては女性団体はじめ多方面から批判の声が上がりました。

アーティストによるエイズ・アクティビズムは特にニューヨークで盛んで、ACT UP（エイズ解放連合：一九八七－）などがポスター、パフォーマンス、視覚芸術作品などでエイズ問題に関するキャンペーンを大々的に展開しました。これはエイズの犠牲者の中にアーティストが多かったためです。日本のゲイ・アクティビストもアメリカの運動に大きな影響を受けています。ダムタイプの古橋悌二はたびたびニューヨークを訪れ、ドラァグカルチャーに触れ、自らもドラァグ・パフォーマンスを行っていました。古橋はイーストビレッジのナイトライフの精神を京都にも持ち込み、「DIAMONDS ARE FOREVER」と呼ばれるドラァグクイーンをメインに据えたパーティーを毎月開催、そのパーティは今も続いています。古橋はニューヨークで遭遇したエイズ・アクティビズムにも触発され、日本で

▲「DIAMONDS ARE FOREVER」、京都クラブメトロ、1991年 12月
“DIAMONDS ARE FOREVER, KYOTO CLUB METRO, Dec, 1991

の運動を牽引することになります。一九九四年にアジアで初めて横浜で開催された国際エイズ会議では総会、分科会、ラウンド・テーブル・ディスカッションなど学術行事、NGO（非政府組織）・GO（政府組織）・企業の展示発表、教育・文化活動などが活発に繰り広げられました。参加者は世界一三〇カ国から一万二四六三人（国内五一四〇人、海外七三二三人）。また、一〇日と一一日は展示会場の一部が無料で一般公開され、七五〇〇人の入場がありました。この会議が日本での当事者によるアート・アクティビズムの発展のきっかけになりました。

この古橋とダムタイプによるアート・アクティビズムの金字塔とも言える作品が「S／N」（一九九四）です。ダムタイプは一九八四年、京都市立芸術大学の学生によって結成されたパフォーマンス集団です。「S／N」はセクシュアリティ、アイデンティティ、エイズ、生と死、そして愛がテーマでした。一九八〇年代、日本国内にエイズ・パニックが起こり、メディアの同性愛嫌悪やセックスワーカーへのバッシングが横行するようになったのを受けて、古橋は、ダムタイプのメンバーたちに自分が同性愛者であること、HIVに感染していることをカミングアウトし、メンバーたちとHIVやセクシュアリティについてディスカッションやワークショップを行い、その結果として「S／N」が生まれました。舞台全面は大きなマルチメディアの壁で、そこには愛、セックス、死、金、人生についての様々な言説の映像がスクロールで流れていき、俳優やダンサーはこのスクリーンの上や前でパフォーマンスします。古橋は舞台上でドラァグ・クイーンのメイクをし、シャーリー・バッシーの『People (people who need people)』をリップシンクで歌った後舞台から消えます。ラストシーンでは古橋が『アマポーラ』とともに救命ボートに乗って舞台を横切り、その後ブブが台車に乗って登場、股間から万国旗を引き出しながら舞台を横切って行きます。

「S／N」は、日本ではまだ数少ない、同性愛を直接的に扱った作品でした。宗教的なタブーが少ないにもかかわらず、日本ではいまだに同性愛の社会的受け入れが進んでいません。同性婚が合法化されておらず、最近では自民党の杉田水脈衆議院議員が同性カップルを「生産性がない」と批判しました。美術界では徐々にセクシャル・マイノリティであることを公表するアーティストも増えてきましたが、海外に比べてその数は決して多くありません。ダムタイプも古橋の死後は「S／N」のような社会問題に正面から向き合う作品ではなく、ハイテク・アートへ進んで行き、ブブ他「S／N」で活躍したメンバーも離れていきました。

セクシャル・マイノリティのアーティストが徐々に増えているとはいえ、いまだにその多くはゲイ男性です。セクシャル・マイノリティ・グループの中でも差異は存在し、レズビアンは表面的な数の上ではゲイ男性に圧倒されています。

イトー・ターリ

イトーは、日本で数少ない「アウト」なレズビアン・パフォーマンス・アーティストでした。パントマイムアーティストとして東京とオランダで一〇年間活動した後、一九八九年からソロ活動を開始、一九九六年、「自画像1996」と題するパフォーマンスでレズビアンであることをカミングアウトしました。イトーのパフォーマンスでは、ラテックスの「皮膚」をまとい、その二重になっているところにチューブから息を吹き込んで膨らませ身体を様々に変形させます。そして最後にビデオカメラに向かって「あなたは誰ですか?」と問いかけ、「私はイトー・ターリです」と何度か繰り返して、途中「私はレズビアンです」と表明します。

イトーは「レズビアンは女性であり、セクシュアル・マイノリティであることによって、二重の差別の対象になるので、その存在自体が政治的なものになってしまう（中略）自分の存在自体が政治的だなんて、誰が望もうか? ホモフォビアの存在、他者を受け入れられない日本人の悪癖が、セクシュアル・マイノリティを締め付けているだけなのだ」と記しています。[6]「自画像1996」は皮膚を通して自分と他者の対話を試みる作品なのですが、「レズビアン」という言葉に過剰反応した会場から、使用拒否されたこともありました。

イトーは日本における女性パフォーマンス・アーティストのパイオニアですが、先行するオノ・ヨーコや草間彌生と同様、日本の美術界では長い間ほとんど無視されてきました。晩年になってフェミニスト・アート研究者の支持を得て、体調を崩した後も車椅子でパフォーマンスを続けましたが、病気のため二〇二一年九月に他界しました。

第7回
「慰安婦」問題

「慰安婦」とは

日本軍が設置した「慰安所」において奴隷的に性搾取をされた女性たちのことですが、日本では後述する通り、「慰安婦」については学校でほとんど教えていません。ここで一応その歴史をまずおさらいしておきましょう。

一九三二年　中国・上海に最初の慰安所が設置される。
一九三七年　南京大虐殺の後、慰安婦が制度化された。
一九三一－四五年　日本を含むアジアの様々な国からの女性が、日本軍慰安所で働かされた。
一九四五－九一年　沈黙の時間。これらの被害者は一九九〇年代初頭までの間、女性に純潔を求める社会規範により、自らの体験について沈黙を余儀なくされた。
一九九一年八月一四日　元慰安婦の金学順（キムハクスン）さんが体験を証言。その後も被害者の証言が続いた結果、慰安婦問題が公で議論されるようになり、日本政府に対して従軍慰安婦制度を調査するよう圧力が強まる。

一九九二年　オランダの被害者、ヤン・ルフ・オヘルネさんが、名乗りを上げる。彼女の証言は、慰安婦をアジアの女性だけの問題だと認識していたヨーロッパの人々に衝撃を与えた。また、フィリピン、台湾、中国、ビルマ、インドネシアなど他のアジア諸国でも被害者の証言が続出した。

一九九二年一月八日　日本首相の韓国訪問に際し、元「慰安婦」たちは公式な謝罪を求める抗議行動を起こした。この抗議は「水曜デモ」となり、現在に至るまで毎週水曜日に日本大使館前で行われている。

一九九二年七月六日　日本政府は慰安婦問題に関する初の報告書を発表、慰安所の運営に日本軍が関与していたことを認めた。しかし、募集時の強制性は否定し、法的責任も取らず。

一九九三年八月四日　日本は慰安婦問題に関する第二次報告書（河野談話）を発表。募集時の強制性の関与は認めた上で、責任は否定。

一九九四年　日本政府が元慰安婦のためのアジア女性基金（ＡＷＦ：一九九五年－二〇〇七年）設立計画を発表。この基金の目的は、日本国民の寄付金によって、アジアの犠牲者女性たちを支援することだが、国家補償ではなく、被害者たちの多くはこれは日本の法的責任を回避するための周到な手段であるとして、基金に強く抗議。

二〇〇〇年　「日本軍性奴隷制を裁く女性国際戦犯法廷」東京で開催（後述）

二〇〇八年　国連人権委員会は日本に対し、法的責任を認め、被害者に謝罪するよう求めた。

しかしながら、今日に至るまで、日本は法的責任を回避し続けている。▼1

日本のフェミニストと「慰安婦問題」――ナショナリズムを超えて?

「慰安婦問題」は金学順さんの証言まで全く知られていなかったわけではありません。戦後すぐから軍隊時代の回想記や小説、戦争映画などに「慰安所」が登場しています。それが問題にならなかったのは、一九五八年の売春防止法施行で実質的に公娼制が廃止されるまで「慰安」として女性との性交渉を買うことは当たり前のこととされ、売春女性は「賤業婦」として貶められ、社会から黙殺されていたからです。しかし、一九七〇年以後、新左翼運動の中で日本帝国主義に対する批判や民族・性差別に対する当事者からの批判があり、また、リブによる「聖母・娼婦」という女性の分断に反旗を翻す運動が起きました。新左翼が帝国主義による女性に対する「加害」の象徴として「慰安婦」を引き合いに出したり、またリブ、「侵略＝差別と闘うアジア婦人会議」（一九七〇－八〇）や「アジアの女たちの会」（一九七七－九五）などの運動が「慰安婦」を生み出した植民地主義の構造的な暴力を問題にしたりしました。田中美津の「便所からの解放」では、日本人女性が「良妻賢母」と性欲処理としての「便所」に分断される構造と「慰安婦」制度との関係がとらえられています。リブは日本人女性の状況とアジアの植民地化された地域の女性たちの搾取とを関連づけて考えてようとしていました。そのため、リブの言説の中には日本の女が家父長制の「犠牲者」であると同時に資本主義や帝国主義の「共犯者」でもあるという二重のアイデンティティを自覚しているものもみられます。また、「侵略＝差別と闘うアジア婦人会議」や「アジアの女たちの会」は日本企業の経済的侵出によって搾取されるアジアの人々との交流を進め、日本人男性による韓国や東南アジアへのセックスツアーへの批判など、「アジアの被害者」との国際的な連帯による運動を展開しました。

しかしながら、日本のフェミニストは韓国から告発を受けるまで「慰安婦」問題への具体的な取り組みはしてきませんでした。その存在に気がついていながら、またリブのパンフレットなどで「慰安婦」を性差別と民族差別の象徴としていながら、国内外の元「慰安婦」への働きかけはしていません。「アジアの女たちの会」を主宰し、のちに慰安婦問題運動の中心となる松井やより（一九三四－二〇〇二）は、「アジアの女たちの会」を七〇年代に友達と結成して、キーセン観光反対運動などを展開しましたが、「そのときに初めて挺身隊、慰安婦問題について韓国の女性たちから現在のキーセン観光はかつての挺身隊問題の繰り返しであるという抗議を受けまして、七〇年代からこの問題に取り組もうと思ったのですが、運動をすることができなかった」それは

「その時はまだその体験を証言して日本政府の責任を訴える人が出てこなかった」からだと言っています。[2] キーセン観光については、すでに韓国内で日本のセックスツアーを糾弾する動きがあり、それに呼応して日本のフェミニストも運動を起こしたのですが、慰安婦問題に関しては、「過去の歴史」として現在の状況を象徴する抽象的なものとしてしか論じてきませんでした。

ちなみに、一九七四年の連続企業爆破事件を起こした「東アジア反日武装戦線」メンバーだった浴田由紀子は、一九七一年の韓国旅行の際、元「慰安婦」に会いました。そしてその経験が日本の戦争犯罪と植民地主義、経済侵略の歴史に「おとしまえをつける」ことにつながったと言います。[3]

しかし、八〇年代には前述の通りリブや上記のグループも徐々に衰退し、「慰安婦」問題もほとんど語られなくなります。

大きな変化が起きたのは一九九一年の金学順さんの告発によります。それに呼応して日本のフェミニストたちも活動を開始しました。「アジアの女たちの会」は一九九五年に発展解消し、同年NGO「アジア女性資料センター」となりましたが、代表は継続して松井やよりでした。松井はまた、一九九八年に日本キリスト教婦人矯風会などとVAWW-NETジャパン（戦争と女性への暴力日本ネットワーク）を創設し、代表に就きました。松井は一九六一年に朝日新聞社入社後、初の女性社会部記者として活躍し、前述のキーセン観光反対運動の後、アジアでの日本の戦争責任や人身売買、女性の人権などの問題に取り組みました。特に「慰安婦問題」については日本の活動のイニシアチブをとった人です。彼女もリブの経験者ですから、日本帝国主義と資本主義における日本女性の「共犯性」の自覚はあったと思うのですが、九〇年代の松井をはじめとする日本のフェミニストは、特に韓国運動家との協働を強調し、「同じ女」という視点で日本国家および家父長制を糾弾することに焦点を当てたように思われます。

日韓フェミニストの協働は欧米のフェミニストから「慰安婦運動の中で、韓国と日本のフェミニスト活動家は、ナショナリズムを超えて被害者中心のアプローチに方向転換させ、現代の国際人権問題として定義する視点を発展させようとしている[4]」と賞賛されました。「ナショナリズムを超えて」「女性の人権」を全面に出すことは、この問題を現代につなげ、国際的支援を要請するのに有効だったでしょう。しかし、そこで抜け落ちてしまったのが日本の女性も含む植民地支配の歴史認識と責任です。彼女たちが「日本国家」を糾弾するとき、その「国家」に彼女たちは含まれないかのような印象を持ちます。

フェミニズムがナショナリズムとどう向き合うべきかという問題は、一九九五年の北京女性会議NGOフォーラムで上野千鶴子が「『慰安婦』問題が日韓両国の国益の取引の道具に利用されているのではないかという危惧から、日韓両国のフェミニズムは国境を越えるべきだ[5]」と発言したのがきっかけとなったと言われています。これに対して会場の韓国系アメリカ人の女性が「私たちの国境は、あなたの国の兵隊によって侵略された。こんなに簡単に国境を忘れろとは言えないはずだ[6]」と抗議しました。日本人の側が「フェミニズムはナショナリズムを超え、シスターフッドに基づく国際連帯を形成する」と言うのはあまりに傲慢で無責任に聞こえます。この問題を二国間問題に矮小化しないという上野の意図は理解できますが、家父長制のみを敵として、女性の間にある植民者・被植民者としての非対称性や民族アイデンティティの違いをなきものにするのは、結局は日本のフェミニストたちの当事者性・立場性を曖昧にすることになったのではないでしょうか。

日本軍性奴隷制を裁く女性国際戦犯法廷（二〇〇〇年）

ＶＡＷＷ－ＮＥＴジャパンは二〇〇〇年に国連人権委員会とともに女性国際戦犯法廷を開催しました。その目的は、日本軍戦争犯罪被害者の証言を集め、レイプや性奴隷を強要したグループや個人を裁くことでした。しかし、これは模擬裁判であり、法的拘束力はありません。法廷は東京で二〇〇〇年一二月八日に開かれ、一二月一二日に休廷した後、一年後の二〇〇一年一二月四日、ハーグで最終声明が発表されました。二〇〇ページに及ぶこの判決は、戦争犯罪の事実認定と、それに適用される法律について論じたものであり、慰安所が軍によって組織的に設立され、当時適用可能な法に照らしても人道に対する罪が構成されるとし、故昭和天皇は国の指導者として性奴隷政策の最終的な責任があったとして有罪となりました。

この裁判は、ＮＨＫが制作した戦時中の日本の性奴隷に関するドキュメンタリーの一部として放送されれるはずでした。しかし、安倍晋三ら自民党の代表がＮＨＫにクレームを入れたため、番組はディレクターの同意なしに改ざんされ、「天皇有罪」部分がカットされ、右派の学者の長い解説が加えられてしまいました。担当ディレクターの坂上香はテレビ制作業界から去ることを余儀なくされました。これが慰安婦問題に関してマスコミに対する安倍をはじめとする自民党右派の直接干渉の幕開けとなりました。

歴史修正主義者たちは一九九七年に「歴史教科書問題研究会（新しい歴史教科書をつくる会）」を結成、彼らのいわゆる「自虐史観からの脱却」を図って、「慰安婦」の存在を否定するキャンペーンを繰り広げていました。その根拠とした挙げたのは主に次の三つです。

一．「強制連行」はなかった
二．慰安所は民間業者の公娼施設であり、戦前の日本では売春が合法であったので、そこに違法性はなかった
三．軍の慰安所にいた女性たちは商業目的でそこにいた売春婦であり、賃金ももらっていたゆえに補償・謝罪の必要はない

しかし、軍慰安所の設置が軍の指示、命令によるものであったことは、これまでの慰安所研究

により明らかにされており、今では史実として広く受け入れられています。すなわち慰安所とは将兵の性欲を処理させるために軍が設置した兵站付属施設であり、民間業者の経営する一般の公娼施設ではありません。また、「売春婦」であったらなんの法的権利もない、お金をもらっている以上何をされても文句は言えないというのは全く間違いで、明治刑法でも国外への人身売買（「帝国外ニ移送スル目的ヲ以テ人ヲ売買」刑法第二二六条の人身売買罪）は禁止されていました。元「慰安婦」からは一五、六歳の時に連行された、十代の少女がいたという証言も多く、これは「一八歳未満は娼妓たることを得ず」と定めた娼妓取締規則に完全に違反し、さらに、満二一歳未満の女性に売春をさせることを禁じた「婦人及児童の売買禁止に関する国際条約」（一九二五年批准）にも違反しています。遡れば、明治時代（一八七二年）に制定された娼妓解放令では（ザル法とはいえ）廃業の自由も明記されていましたが、前線の慰安所に送られた女性たちには廃業はおろか行動の自由もありませんでした。一九九八年に出された国連のマクドゥーガル報告では、奴隷条約やジュネーブ諸条約に立脚し、他人に支配されて性的行為を強要される状態が、国際法上の「奴隷制」であり禁止されていることが明示されています。女性戦犯法廷で日本人慰安婦（その多くは元娼妓）について証言した藤目ゆきは、そもそも公娼制は近代日本の帝国主義・軍国主義に立脚する「国家管理売春制度」、人身売買制度であり、「慰安婦制度」はそれを全面的に開花させたものである、それゆえ「公娼だからこそ国家に責任がある」と論じています。

また、修正主義者らはもっぱら「強制連行」の有無をもって慰安所問題に対する軍および政府の責任を否定しようとしました。彼らの言う「強制」は手を引っ張って連れて行くような非常に狭義のものであり、嘘や甘言で騙しての連行を含みませんが、一般の法解釈ではこれらや借金のかたに連れて行くのも「強制」とされています。すなわち、遊郭に売られ、借金を返すために慰安所に渡り、自由意志で帰国することも叶わなかった元娼妓の日本人慰安婦も含めて、「慰安婦」は日本軍によってコントロールされた「性奴隷」であったのです。

「日本人慰安婦」証言者の不在

前述の二〇〇〇年の女性国際戦犯法廷では何人かの学者が「日本人慰安婦」を原告被害者とする証言をし、前歴によらず慰安所での性的虐待を受けた被害者として初めて「日本人慰安婦」が公訴に連ねられました。これ自体は非常に画期的で貴重なことですが、そこで国家による抑圧装置としての公娼制と慰安婦制度の関係が十分に議論されたとは言えません。また、玉城福子の研究によれば、ここで提出された「日本人慰安婦」の例として中心的な役割を果たしたのは沖縄の慰安所と「慰安婦」の事例でした。しかしそこで沖縄が日本の被植民地同様であった歴史には言及されていません。[7] 実際に出廷できる日本人「慰安婦」生存者を特定することができなかったとはいえ、法廷開催中に行われた「現代の紛争下の女性に対する犯罪」の公聴会も、そこに出席して米軍基地の性暴力体験を話したのは沖縄の女性でした。一九九〇年代にも横須賀や横田など本土の米軍基地周辺での米兵による性暴力は存在していたのに、日本人女性の被害は語られません。これは何を意味するのでしょうか？ 日本は加害国だから日本人としての被害は言ってはいけなかった？ その代わり沖縄の女性の被害で代弁させたのでしょうか？

日本人「慰安婦」を語ることができなかったのにはいくつかの原因があります。

一つは日本の植民地の問題です。上野千鶴子が九五年北京会議で「『慰安婦』制度を植民地支配の枠でとらえると日本人『慰安婦』の被害を問題化できなくなる」、すなわち日本人はアジアの諸外国に対する加害国民であるという立場性にある限り、自国の被害を言うことはできないのでは、と問題提起しました。しかしこれは「日本国民」を単一の存在とし、その「植民地・歴史の加害」と「性暴力被害」を二者択一的にとらえる議論です。このように過去の植民地支配者としての「日本国民」という単一のアイデンティティをもってこの問題に主体的に関わろうとするとき、「日本国民」内部の階級その他の差異はないことにされがちです。実際には、近代以降下層階級の日本人女性は「からゆき」として日本の帝国主義拡大に利用されたり、国内でも公娼制度によって国家に管理された「慰安」の供給源とされたりしていたことを鑑みれば、日本人「慰安婦」は同じ帝国主義の被害者として論じられるべきなのですが、「慰安婦」問題が加速的に「日韓二国間問題」に極化していった結果、「国民」内の女性の階層差に伴う差別への検討が抜け落ちてしまいました。

もう一つの、より根源的な問題は、日本社会における根強い売春に対する拒否感です。これは儒教的家父長制の中で培われた「汚れた女」＝売春婦に対する社会一般の蔑視のみではなく、フェミニストの中にもキリスト教的純潔思想や性産業を女性性の搾取、性差別の原因とする考えから売春婦そのものを否定する傾向があります。藤目ゆきは『「軍隊慰安婦問題」に対する日本社会の反応』として「歴史的に形成されてきた日本人の性倫理、性暴力・性的搾取の犠牲者に対する抑圧の根深さが露呈している」と分析し、「慰安婦」問題支援者の中にさえ「日本人『慰安婦』は自分の意志で従軍した売春婦だったから自業自得だが、アジアの『慰安婦』は強制連行された処女だったから気の毒だ、といった反応」があると述べています。[8] 言ってみれば日本人慰安婦は支援者たちにとっては「不都合」な被害者であり、問題をわかりやすく単純化するために不可視化すべき存在だったのです。

女性国際戦犯法廷は慰安婦問題を人権問題として国際的理解を広めるのに大きく寄与しました。フェミニストの間では「重層的な権力作用によって生じる差異と非同一性への視座を抱擁する」（米山リサ）、「性・民族・階級などの複合的差別に敏感に対応」（大越愛子）などと賞賛され、日本のフェミニストがイニシアチブをとって達成した「成果」だとされてきました。

しかしながら、日本人「慰安婦」の扱いを見てもわかる通り、「性・民族・階級」の差異がこの法廷で検討され、深められたというのには疑問があります。特に「性・売買春」の問題に関しては、藤目の国家管理売春としての公娼制が徹底的に論じられず、むしろ「慰安婦」の無垢な犠牲者としての面が強調され、それがその後も修正主義者の主張（「慰安婦は売春婦に過ぎない」）が継続し、それにマスコミも同調するような事態の要因になったのではと思います。

また、女性国際戦犯法廷がフェミニストの間では「成功」とされるにもかかわらず、これを機に日本で慰安婦問題についての建設的な議論や解決への世論が高まることはありませんでした。実際にはその正反対で、直後から右翼のバッシングは激化し、世論も右翼に傾いていきました。それは右翼や政府のマスコミ操作ということだけに帰結できるのでしょうか？　二〇年以上経過した今、現在の状況も踏まえて冷静に検証してみるべきだと思います。

女性国際戦犯法廷の問題点として私が感じたのは、「被害者の証言」にフォーカスした結果、加害当事国である日本の女性の立ち位置が曖昧化されたことが一つ。そしてもう一つは、当事者証言がセンセーショナルに報道され、それに対して感情的な二極反応（同情または嫌悪）が沸き上がり、植民地主義を含む冷静な歴史検証が背景に遠のいてしまったことです。

被害者中心のアプローチは金学順さんがカムアウトした当初からのもので、それ以前は先の松井の言葉にある通り「（七〇年代は）国家を訴える証言者が現れてなかったから運動が起こせなかった」ということです。しかしこの「海外被害者証言頼り」とも言える態度は、翻せば、日本のフェミニスト自身が日本での被害者の掘り起こしや被害者が証言できる環境づくりを怠ってきたからではないでしょうか。この法廷でも日本人被害者本人の証言はありませんでした。

法廷で海外の被害者が証言すると、右翼からの攻撃は彼女たちの「証言」の正しさや信憑性に集中し、被害者は二次被害とも言えるバッシングに晒されました。もちろん、被害当事者が声を上げること、感情を吐露することは彼女たちの尊厳の回復のための非常に大切なプロセスですが、「被害者中心のアプローチ」は、ややもすると被害者証言を絶対的な「正義の盾」にして、その陰にある女性の間の被害と加害の複雑な権力関係や差異を見えにくくしてしまいます。しかもそこに「日本人慰安婦」被害者が不在だったことは、日本人女性の当事者性を曖昧にしてその役割を「支援者」と限定し、日本における主体的な運動を困難にさせてしまいました。

被害体験の証言に対して「私も女だからわかります」と一緒に泣いてしまう参加者、そのようにして自分たちを当事者と同一化して感情的な一体化を図るという構図に、私はどうしてもついていけませんでした。私たち日本の女性たちはそこで自分たちの日本人としての立場性に踏みとどまらなければいけない、そんなに簡単に「同情する支援者」になっていいのか、と思ったのです。軍隊、天皇制というシステムに責任があるのはもちろんですが、そこになぜ私たちがやすやすと組み込まれてしまったのか、そして戦後もその延長の中にぬくぬくといて、アジアの被害についていて当事者が出てくるまで運動を自発的に起こせなかったのか？

日本人女性の「被害者としての当事者性」は意図的に隠蔽されていると同時に、最終判決の加害責任は軍部と天皇ということで、そこには日本の女性の「加害者としての当事者性」は存在しません。結局この法廷で日本の女性は日本人被害者に寄り添って日本国内の植民地主義——階級、性差別構造——を撃つこともできず、かといって加害の当事者としての厳しい自己批判をすることも免れたのです。

「日本人慰安婦」とは誰だったのか？

不在とされた日本人「慰安婦」について、もう少し深く見ていきましょう。日本人「慰安婦」の存在は全く知られていなかったわけではありません。一九七〇年代に広田和子による日本人元「慰安婦」のインタビュー本が出版されています。彼女たちの多くは元芸者や娼婦で、兵士に性行為を提供することを承知していました。そして国のために尽くしているのだから、「軍属」として兵士と同等に死ねば靖国神社に祀られると言われていました。このインタビューに応じた元芸者「菊丸」さんは将校にしか仕えず、朝鮮人慰安婦より厚遇されており、戦争初期に送られたトラック島での日々を「楽しかった」と述懐しています。

この他にも日本人「慰安婦」の存在は全く知られていなかったわけではありません。上記の広田のインタビュー本の他にも、いくつかのインタビュー記事があり、また、館山のキリスト教系女性シェルター「かにた婦人の村」にいた元「慰安婦」の城田すず子さん（仮名、一九二一－一九九三）は自身の体験を回想録『マリヤの賛歌』（一九七一年）に残しました。城田さんは一七歳の時に父親に売られて娼妓となり、第二次世界大戦中は借金を返すために「慰安婦」となり、太平洋の諸島を転々としました。戦後帰国した後は米兵相手の売春婦となり、売春防止法施行後から「かにた」に入所していました。当初は「慰安婦」だったことを隠していましたが、当時の記憶に夜ごとうなされるようになり、施設長の深津牧師に「慰安婦の慰霊碑を建ててほしい」と訴えました。

兵士や民間人の慰霊碑はあっても、慰安婦のことを悼む人はいません。中国、東南アジア、南太平洋、アリューシャンなどで、自由に使われた後、ただ凍える寒さの中をさまよったり、犬や狼の餌になったりして捨てられた少女たちがいるのです。軍隊が行くところには、必ず慰安所があった。……並ばされ、身なりを整える暇もなく、死の苦しみを味わった。［……］もし死んだら、ジャングルの穴に投げ込まれるだけだった。誰も家族には言いません。この目で見たんです、女性にとっての地獄を［……］[9]。

しかし、他に自ら「慰安婦」の過去を証言した日本人はほぼいません。上記の広田のインタビューに答えたのは、戦争初期に従軍し、無事に日本に帰ってきた元芸者で、高級将校のみが相手でそれなりに楽しい時間を過ごしたと言っています。しかし、その彼女は帰国後水商売の女として差別を受け、結婚もまともな職に就くこともできず、一九七〇年代初頭、取材後すぐに自殺してしまいました。彼女だけでなく、多くの元「慰安婦」は戦中の苦難だけでなく、戦後社会での蔑視、差別、排除にも耐えなければならなかったのです。

「日本人慰安婦像になってみる」(二〇一二 -)

私は一九九五年以後しばらく「慰安婦」問題に関する作品を制作することはありませんでした。九三年の河野談話、九五年の村山談話で日本国の関与が認められ、教科書への記載も行われるようになり、この問題も一定の決着に向けて進んでいるように見えました。私の関心も戦時性暴力から戦後の基地売春と売買春そのものに移行していきました。しかしその後二〇〇〇年頃からバックラッシュが起こり、「慰安婦」問題も日韓二国間の、それも「強制があったかなかったか」「彼女らは売春婦かそうでないか」という単純な二元論にすり替えられてしまいました。マスコミや支援者の一部も歴史修正主義者たちの議論に乗せられてしまい、「慰安婦」問題の表象も徐々に単純化され、見る人の立ち位置を問うものよりも「同情を喚起するわかりやすい話」、複雑な権力構造より「模範的犠牲者像」が求められるようになりました。

二〇一一年、ソウル日本大使館前に「平和の少女像」が建てられたとき、「日本にも日本人『慰安婦』の像があるべきではないのか？」と思いました。そこで館山にある「かにた婦人の村」を訪問し、城田すず子さんをよく知る天羽道子シスターに話を聞きました。シスターは「日本人慰安婦が『慰安婦』問題が表面化してからも長く無視されてきたのは、その多くが『プロの売春婦』だったからです」「名乗り出て国に恥をかかせるな！という無言の圧力があるのです。だから誰も名乗り出ていないのです。ですが、城田さんは自分の体験を語った最初の元日本人慰安婦です。彼女の体験が証拠なのです。日本政府に対する異議申し立てなのです」と語りました。[10]

二〇一二年一月、ロンドンで展覧会があり、数週間滞在することになりました。展覧会後、ロンドン日本大使館前で「日本人慰安婦像になってみる」ゲリラ・パフォーマンスを友人二人の協力で行いました。日本大使館はピカデリー・サーカスに通じる広い通りに面しており、向かい側は公園になっています。公園で着物に着替え、ブロンズ塗料を頭、顔、手足に塗り、口にガムテープを貼り、通りを渡って大使館前に持参の椅子二脚をしつらえ、その一つに座りました。ブロンズ像という設定ですので、動くことも話すこともしません。説明文は隣の椅子の上に置きました。「慰安婦」問題は欧州ではさほど知られておらず、道行く人のほとんどは無視するか、ちらりと好奇の目を向けるだけでした。日本人らしき観光客の一団はチラシに目をやるとそそくさと見ないふりをして通り過ぎ、一時間ほどのうち話しかけてきたのは韓国人学生グループ（撮影の在日三世アーティスト、琴仙姫さんが対応）のみでした。

▲「日本人慰安婦像になってみる」

街中の「異物」として存在すること、好奇心、またはそのような感情すらない冷たい視線に晒されること、そこにただ黙してあること……。

以前のパフォーマンスではなんらかの形で観客に反応を迫るアプローチをとりました。しかし今回はそのような方法はとりませんでした。その不都合な存在が消し去られていた「日本人慰安婦」を可視化したいというのが制作の動機だったのですが、ではその「日本人慰安婦像」はソウル日本大使館前の「平和の少女像」のように「平和」「戦時性暴力反対」などわかりやすいメッセージのシンボルになり得るでしょうか？ ほとんどの日本人「慰安婦」はもうこの世にいません。死者の沈黙を「代弁」することは私にはできません。ただ、彼女たちが存在していたということ、そして沈黙せざるを得なくされていたことを体現し、それを何か一つの「象徴」とするのではなく、沈黙したまま消えていった彼女たちの「様々な生の証」としたいと思いました。

二〇一二年、ロンドンの日本大使館前、靖国神社、国会議事堂での「日本人慰安婦になってみる」パフォーマンスの後、二〇一八年、Tomorrow Girls Troop（明日少女隊、以下ＴＧＴ）と共同で、カリフォルニア州グレンデールでパフォームする機会を得ました。ＴＧＴの韓国系アメリカ人メンバーが中心になっての企画で、アジア系アメリカ人の若者たちに戦時性暴力について知ってもらい、現在の性差別につなげたいというのが目的でした。グレンデールの銅像をめぐっては、日本の極右団体「日本会議」が出資するエセ日系市民団体が、グレンデール市に対し、像を建てたのは「日系市民に対する差別的行為」だと提訴していましたが、彼らの主張は、最高裁で棄却されました。アジア系市民を分断させるような日本の右翼に対抗するためにも、「日本人慰安婦も同じ被害者」という意味も込めてここでは「少女像」の横に座りました。

そして二〇一九年、韓国ソウルの日本大使館前水曜デモで、再びＴＧＴ韓国グループと共同で同じパフォーマンスを行いました。今回は銅像から少し離れた日本大使館正面に座りました。ここでは「同じ被害者」として横に座ることはできないと思ったからです。グレンデールやソウルの人たちは私のパフォーマンスにとても協力的で、日本の慰安婦の問題を提起することの重要性を理解してくれました。「同じ犠牲者」だけど「違う立場」である、という齟齬や矛盾は常にあります。美術作品と学術論文の違いは、美術作品は常にその矛盾を内包し、多様な見方を可能にすることです。それが誰によって、どこで、誰に見られるかということで作品は変化し得ます。しかし、それは作家の立場性や責任を無化するということではありません。

第8回
2000年以降:
バックラッシュ

二〇〇〇年の女性国際戦犯法廷を境に、右翼のフェミニズムに対する攻撃が激化しました。右翼が腹を立てたのは、直接的には戦犯法廷における天皇有罪判決でしたが、フェミニズム攻撃の根本にあるのは「天皇への誹謗」ではなく、「慰安婦」とそれが提起する「国家と性」の問題でした。

教科書問題

一九九三年の河野談話以後、慰安婦問題を掲載する歴史教科書も増えていましたが、この教科書掲載に反対する歴史修正主義者たちが前述の「新しい歴史教科書をつくる会」(以下、「つくる会」)を立ち上げ、二〇〇〇年に「新しい歴史教科書」を発表しました。この教科書は、「子供たちが日本人としての自信と責任を持つことのできるような教科書」の作成と普及を目的とし、近代以降、日清戦争、一九一〇年の韓国併合、日中戦争、第二次世界大戦にわたる日本の植民地主義や帝国主義を批判することなくむしろ称揚し、南京大虐殺や「従軍慰安婦」の存在を否定しました。この教科書は二〇〇一年に文部科学省から承認されましたが、日本、中国、韓国で大きな論争を巻き起こし、多くの日本学者、歴史家、教育関係者がその内容に抗議しました。しかし、二〇〇六年の第一次安倍内閣発足後は、政府自民党の圧力と「つくる会」の攻撃で、「従軍慰安婦」の記述が全ての教科書の本文から消えてしまいました。また、同年政府は教育基本法を改正、*「愛国心と郷土愛」を教育の軸としました。その後一部の教科書に「慰安婦」記述は復活しましたが、加害の記述を多く掲載した教科書が採択されず大手出版社が倒産するなど、教科書に対する圧力は続きました。二〇一三年、安倍晋三首相は衆院予算委員会で、教科書検定制度について「残念ながら検定基準で、改正教育基本法の精神が生かされていない」と述べ、近現代の歴史に

＊教育基本法改正に依拠し、「家庭教育支援法」および「青少年健全育成基本法」が二〇一七年自民党により了承された。この二つの法律は、セットで成立することで、「子供／青少年のために」を合い言葉として、表現の自由の問題のみならず、全ての人々の思想・信条の自由や、子供・青少年の人権を、国家が制限することを可能にする。簡単に言うと、国のお役に立つような子供を育成し教育するのが両親の義務で、家庭教育の自主性は認めないし、育成される青少年の権利や自主性も認めない。安倍元総理が主導したものだが、殺害事件以後、この法律の内容に統一教会が深く関わっていたと報道されている。教団は家長主義的な思想で、女性の権利や性の多様性を否定してきた。https://imidas.jp/jijikaitai/f-40-164-18-04-g720/2?fbclid=IwAR0XdgN7uLm4oCtr0jLFWwEDqcdRtseWsgfGCkJzEYCEYVeq58PIb9k2rA8

関して見直しを指示しました。[1]それ以上に、日本の教育現場では、近現代の歴史は「大学受験には出ない」という理由からこれまでもほとんど教えられていません。日本の若者はほぼ日本の近現代史を知らずに大学生になるわけです。[*]

一方で、フジサンケイグループが「つくる会」教科書、関係者の歴史修正主義本、嫌韓本を大量に出版するようになり、それらに一定の読者層があると見るや、他の出版社も追従しました。これらの八〇%は二〇〇五年以後に出版され、二〇一三〜一四年は「ヘイト本ブーム」で年間二〇〇冊以上の排外主義・民族差別本が出版されました。ヘイト本には日本社会に蔓延する鬱屈(うっくつ)した感情のぶつけ場所としての潜在的マーケットがあり、不況に喘ぐ出版社は言論人としての矜持も良心も捨ててネットの罵詈雑言や流言飛語をまとめるだけの劣悪な本を次々と出しました。嫌韓本の中心はやはり「慰安婦問題」で、その主流は「慰安婦」の存在を完全否定するものより、「日本はすでに陳謝して贖い金も払ったのに、韓国がしつこく要求をエスカレートさせている」というものです。これが彼らの「日本は反日ヘイトの標的にされている」という被害者意識を煽り、在日朝鮮人、慰安婦問題支援のフェミニスト、左翼らへの「反撃」を正当化しています。

約二〇年にわたる一種の「言論統制」と「悪貨による良貨の駆逐」により、「ヘイト」が一般化し、現在では歴史認識や慰安婦問題について語ることさえ一種のタブーとなっています。

ジェンダーフリー・バッシング

「慰安婦問題」とは別に、二〇〇〇年以降のバックラッシュの標的となったのは「ジェンダーフリー」という言葉です。

第五回で見た通り、一九七五年「国際婦人年」以後、上からの改革が進み、四年後の一九七九年の第三四回国連総会にて「女性差別撤廃条約」が採択されました。日本は一九八〇年、同条約に署名、一九八五年六月に正式に批准することとなり、そのために適切な法整備をする必要が発生しました。それを受けて一九八六年に男女雇用機会均等法が施行され、その後様々な法律改正が行われたのち、一九九九年に男女共同参画社会基本法が制定されました。

この「上からの改革」に当初参加した女性運動家は戦前からの第一波フェミニストですが、徐々に女性学、ジェンダー学の学者が参加するようになります。八〇年代後半から新たに設立された女性センターでは、彼女たちによる女性学やジェンダーについての講座が持たれるようになりました。一九九二年には東京都が全額出資した東京女性財団が設立され、九六年には渋谷に財

＊東大の学生が東大闘争があったことさえ知らず、このゼミで駒場がバリケード封鎖されたと聞いて驚愕するのは毎年のことです。

団が運営する「東京ウィメンズプラザ」もでき、この頃「ジェンダーフリー」という用語が使われ始めました。「〜フリー」というのは「〜がない」という意味（例：「シュガーフリー」）ですから、直訳すれば「ジェンダーのない」ということですが、ジェンダー（社会的に構築された性差）をそんな簡単になくすことができるのか、「ないこと」にして社会の差別的な構造が変わるのか、根本的に疑問に思うところです。例えば、人種差別をなくそうというのと「レースフリー」（人種をないことにしよう）は違います。「ジェンダーフリー」は基本的にはそれまでフェミニストが言ってきた「性差別や性的役割分担の撤廃」の言い換えなのですが、わざわざわかりにくい和製英語を使って曖昧化したのには、運営側に、のちの「男女共同参画社会」にもある通り、できるだけ「女性」だけのためという印象をなくしたい、また第二波フェミニスト運動の過激・政治的なイメージを取り去りたいという意図が見られます。「ジェンダーフリー」も直接的表現をオブラートに包んだ啓蒙活動の一つでした。本来これはのちに右翼が主張するような「過激なフェミニスト」の言葉ではなく、むしろ行政主導の本来「安全」な啓蒙の行政講座やパンフを通じて広められた経緯を持つ言葉でした。

しかしながら、右派の間では当初からフェミニズムに対する反発は強く、「ジェンダーフリー」に関しては、一九九八年頃から日本会議、神社本庁など国家主義的な団体、宗教団体による反発や批判が出てきていました。二〇〇〇年以降、男女共同参画社会基本法に基づいて、都道府県条例や基本計画策定が進められるにあたり、自民党の保守系議員や右翼団体、フジサンケイグループなどが反「ジェンダーフリー」キャンペーンを始め、この法律が家族制度を破壊し、「男らしさ」「女らしさ」を否定し、日本の伝統文化を破壊すると主張し始めました。これに「新しい歴史教科書をつくる会」をはじめとする右翼運動団体が賛同し、ネットメディアとマスメディアを使って「ジェンダーフリー教育」への批判を展開しました。まず槍玉に上がったのが、教室での学童の「ジェンダーフリー」名簿（五十音順で男の子と女の子の名前を混在させる）です。男女差をなくすことでいずれは「ひな祭り」「こいのぼり」も禁じられる、男女が同じ部屋で着替えを強いられることになるなど事実無根で荒唐無稽な言説が流されました。これは今日の反トランスキャンペーンにも通じるところがあります。夫婦別姓の合法化に反対していた大手マスコミのフジサンケイグループは、このキャンペーンを支援し、多くの記事や本を出版しました。彼らの行動は、修正主義者と右翼の「慰安婦」に対するキャンペーンと重なっています。

また、右派は特に地方行政に働きかけ、二〇〇三年には、新潟県の小学校長が「男女混合名簿は共産主義思想に基づいている」として、男女別名簿に変更しました。鹿児島県議会では、「ジェンダーフリー教育」への反対の陳情を採択、また香川県議会では、二〇〇五年一二月、「一部の教育現場などにおいて、男女共同参画に名を借りて、男女の区別や役割を機械的・画一的に解消・排除しようとする取り組みがあり、これは長年培われてきた良識的な価値観や伝統文化の破壊につながる」とした決議を採択しています。

右派の次のターゲットは性教育でした。日本の性教育は戦後保健教育の一環として導入されましたが、「純潔教育」がメインで、花と蝶による「授精」は教えても、それに至る過程（性交）は教えないなど、「寝た子を起こすな」という姿勢がずっと続いていました。それでも現場の教師たちの熱意で少しずつ変化があり、九〇年代には厚生省も性教育改革に本腰を入れ始めたところでした。しかしながら二〇〇二年、自民党参議院議員の山谷えり子*が、厚生省の提言を基に母子衛生研究会が中高生のために作った冊子『思春期のためのラブ&ボディＢＯＯＫ』を激しく批判しました。この冊子は避妊方法についても指導し、包括的に学ばせて自己意思決定を手助けする副読本でしたが、山谷議員は性や結婚、家族の多様性を教えることが、売春や援助交際に至り、性の自立が妊娠中絶に至る可能性もあると主張しました――現実的には性についての無知が一〇代女子の望まない妊娠と中絶につながっているのですが――。これに続いて二〇〇三年には東京都立七生養護学校の人形を使用した性教育授業を保守派の都議会議員が問題視し、都教育委員会が資料を没収し、校長と教師に対する処分が行われました。教師らは都教育委員会を提訴し、二〇一〇年、最高裁で勝訴が確定しました。しかしこの事件で性教育の現場が萎縮し、日本の性教育は後退してしまいました▼2。

　基本的に右派が反対しているのは女性の「性の自己決定権」です。彼らは女性が自分の性や身体について自分で決定するということは、女性主導の避妊、中絶、売春、フリーセックス、家族の崩壊、ひいては家父長制、天皇制の崩壊につながると考えました。これに危機感を持った右派は一九九七年に「日本会議」を創設しました。彼らは男系天皇制、憲法改正、歴史教育是正

（「従軍慰安婦」、南京大虐殺否定）、男女共同参画反対などを主張しています。二〇〇一年には女性メンバーによる日本会議の別働隊「日本女性の会」が設立されました。発足時の参加国会議員数は一八九名でしたが、その後増加し続け、二〇一三年には二五二名、二〇二二年では二九〇名となっています。

「ジェンダー平等」も「自立を促す性教育」も、元はと言えば男女共同参画社会啓蒙の一部であり、そこには行政も大いに関わっていました。当初、国は地方自治体が「ジェンダー・フリー」を使用することを妨げるものではないとしていたのですが、二〇〇五年夏、性教育批判を受けて自民党が組織していた「過激な性教育・ジェンダーフリー教育実態調査プロジェクトチーム」（安倍晋三が座長）は、「ジェンダーフリー」および「ジェンダー」という言葉を正式な文書での使用を行わないように政府に要求し、二〇〇五年一二月、国は第二次基本計画を策定し、「ジェンダーフリー」を使用しないことが適切としました。そして二〇〇六年には「ジェンダーフリー」と「従軍慰安婦問題」バッシングの先頭に立った安倍晋三が内閣総理大臣となって第一次安倍内閣が発足し、閣僚の大半を日本会議メンバーが占めるなど、「右派の勝利」が明らかになりました。

これによって、男女共同参画社会基本法に基づく条例案や改正案は地方議会で否決されるか、

＊山谷議員が統一教会から支援を受けていたことが二〇二二年に明らかになりました。

内容変更されてしまいました。「ジェンダー」に関する講演会や女性センターでの講座などもキャンセルが相次ぎ、学校での性教育の改革は廃止され、結果的には九〇年代より一層ジェンダー平等が後退することになりました。

しかも、このバックラッシュを機にフェミニズム、ジェンダーという言葉は一般の女性や若者たちからも忌避されるようになります。それはもちろん右派、政府、マスコミの責任でもあるのですが、なぜ「ジェンダー・バッシング」がここまで市民権を得てしまったのでしょう？一つには一般女性との乖離です。八〇年代以降の「トップダウン」の改革は、フェミニストたちが自ら望み、構想を作り、闘って勝ち取ったわけではありません。行政と協働はしましたが、決定権はなく、その役割は「提言」にとどまりました。したがって、一般女性はこの改革に直接的に関与したという実感は薄く、それゆえフェミニストに対しても「同志」として一緒に闘うという感覚は薄かったのではないでしょうか？「ジェンダー教育」についても理解や関心が高かったとはいえず、一般的には「やっぱり男らしさ、女らしさが大切」といった意見が多く見受けられました。このような一般女性との乖離は、フェミニズムが一九九〇年代に理論化され、アカデミックでエリート主義的なものとみなされるようになったことが一因でしょう。右派は、フェミニズムが「ポリティカル・コレクト」な正義をふりかざし、一般市民から日本の「伝統」を守る権利を奪って、強制的に改革を強要しているかのようなキャンペーンを展開しましたが、もともと「ジェンダーフリー」という曖昧なカタカナ語の意味が一般に浸透していなかったこともあり、フェミニズムが何か海外由来のエリート的「権威」であるというイメージが一般市民に広がりました。

フェミニスト・アート冬の時代

二〇〇〇年あたりを境にして、美術展も「ジェンダー」「女性」をテーマにしたものが消滅しました。「ジェンダー 記憶の淵から」を企画した笠原美智子は一九九八年に「ラヴズ・ボディ」でセクシュアル・マイノリティを含むヌード写真展を企画しましたが、その後は「ジェンダー、セクシュアリティ」をタイトルに掲げたりすることは難しくなったと述懐しています。▼3

二〇〇〇年は村上隆が企画した「スーパーフラット」展が日本美術界だけではなく世界を席巻し、「J-Pop」、アニメ、フィギュア、カワイイ、が日本のアートを代表するものになりました。村上は日本文化の「幼児性」――占領軍司令官マッカーサーの言葉によれば「日本人は一二歳の子供」――に開き直り、マンガ、アニメ、ゲームのようなオタク文化を徹底的に洗練し、それを「大人」の西欧文化に対する「売り」にして成功しました。この成功を見て日本政府も「Cool Japan」＝オタク文化の国策化に邁進したのですが、その中での女性の表象は「萌え絵」に代表される幼児性愛ギリギリのもので、これはのちにフェミニストの批判の対象になります。

村上に代表される「J-Pop」の問題点は、一つには西欧拝跪とナショナリズムです。

「現代美術の中心は西欧にあり、日本は周辺にすぎず、ローカル・カラーを売り物にするしかない」というのは彼らの基本姿勢ですが、その劣等感の底には強烈な「日本人」としての自尊心が存在します。彼らの視線は常に西欧を向いており、それ以外の世界は存在せず、日本が「アジアの一員」であるという意識はほとんど見られません。そしてもう一つは徹底した市場主義です。西欧が文化の中心という概念の裏付けは美術市場が西欧中心であるということで、市場以外の価値判断基準はありません。この西欧に対する強烈な承認欲求は「父親（アメリカ）に去勢された男の子」のコンプレックスであり、そこには大人の女性は考慮に入れられていません。もちろん「J-Pop」で活動した女性アーティストも数人いますが、基本的にこれは村上を中心とした「男の子」の運動でした。

美術の価値基準が彼らの言う通り西欧中心の市場価値であるとすると、女性アーティストには圧倒的に不利なことになります。二〇二一年の統計でも、過去二〇年間のアート市場で女性が占める割合は四％から八％に「倍増」したにすぎません。女性アーティストの作品は市場やオークションに参入することさえ難しいのです。この二〇年間、もちろん草間彌生とオノ・ヨーコの市場価値は爆上がりし、それはそれで寿ぐべきことですが、他の大多数の女性アーティスト、特にジェンダー、フェミニズムに言及するアーティストはビッグ・ネームの陰で沈黙を余儀なくされました。

第9回

教育・美術のジェンダー格差とハラスメント

一九九〇～二〇〇〇年代に表面的には興隆を見た日本美術界ですが、前述の通り、その陰ではジェンダー・バッシング、歴史修正主義、それによる政治介入や検閲がますます広がっていきました。そしてそれに対抗すべきフェミニズム・アートは発表の場を失い、フェミニズム美術史はバッシングを受けてアカデミアに撤退していきました。九〇年代のフェミニズム・アート、アート・アクティビズムの理論、実践は十分に発展することのないまま徐々に忘れ去られようとしています。それは単に右派のバックラッシュがあったというだけではありません。もっと以前から、フェミニズムの表現を抑圧するより根源的な理由があったのです。

美術教育の問題

一つは、古色蒼然たる美術大学の教育内容とジェンダー不平等です。九〇年代に花開いたジェンダー・スタディズをはじめとするアカデミック・フェミニズムは、アカデミズムの外にも多少は影響を与えましたが、こと美術大学教育に関しては、ほとんど取り上げられませんでした。二〇二〇年代になっても、カリキュラムにジェンダー、セクシュアリティについての恒常的な講座を持っている美術大学はほぼありません。生徒の中にはジェンダー、セクシュアリティについて考え、悩んでいる者も多く、それらについて学びたいという希望も多く聞きます。数年前にある美術大学から、アートとジェンダー、フェミニズムについて講演の依頼を受けました。ジェンダーについて学内には「話せる人がいない」そうで、それ自体が問題なのですが、これとて一回きりの講義で、継続的な講座があるわけではありません。そのあとで一対一で生徒との対話も行いました。中にはセクシュアリティについて考え、自分なりに表現しようとしている生徒もいましたが、女性教授から「気持ち悪い」と言われ、また、他の教授からは「地域の人も見に来るかもしれないから、表現を抑えるか、目につかないような仕様にすべきだ」とのアドヴァイスを受けたということでした。学部生ですから、その表現に拙いところはありますが、内容に踏み込んだ指導をしないで、ただ「性的なものはまずい」と敬遠し、自己規制、検閲に走るような空気を感じました。

その上、現代美術史、美術哲学についても実際にはほとんど教えられていません。これは別の美大彫刻科の例ですが、美術史はギリシャ・ローマから入り、近代まで駆け足で、現代美術は全く教えません。生徒がその点を指摘して、現代美術の講義が聞きたいと申し入れたら、教授から「別の大学に行け」と言われたそうです。その生徒はアドヴァイスに従って他の美大に転校しました。しかし、これは他の大学でも似たり寄ったりだとのことです。特に戦後日本の現代美術を体系づけて教えている美大はまずないでしょう。美学、哲学についても時々特別講義が外部から招いた講師（主に欧米人学者）によって行われる以外は、ほとんどの美大で学部生向けの系統だった現代思想の講座はありません。もともとが美術大学は技術偏重で、いわゆる「座学」は重視されていません。生徒に聞くと、人文系の講義を受けるのは博物館学芸員や教職の資格のための単位を取るためのもので、アーティストになるために重要なものだとは考えられていないようです。また、制作課題が多すぎて、座学のための時間が取れないとも聞きました。

美大入試は入試当日に行われる「デッサン」と「専攻別実技」（油彩、日本画など）が主で、海外のようにポートフォリオ、エッセイ、面接といったものは課せられません。学科試験もありますが、実技ほど重視されないので、いきおい美大受験生は入試前の数年間を入試のためのデッサン技術を磨くのに費やすことになります。高校までの教育でも歴史の授業は明治・大正、良くて戦後すぐくらいまでなので、美術史はおろか戦後史についてほぼ何も学びません。美大入学後も実技が主ですから、手先の技術には習熟しても、それ以外は基本的知識に欠けた美大生が毎年量産されていきます。

大学、美術界でのジェンダー格差の問題

日本の大学では教える側は男性が圧倒的多数です。東京藝術大学を例にとりますと、絵画科では生徒の七〇％が女性なのにもかかわらず正教授のほとんどが男性（ほぼ八〇〜九〇％）です。非常勤講師の多くは女性ですが、全体では圧倒的少数です。私がアメリカの小さい人文学系の女子大で学んだ八〇年代に正教授はだいたい男女半々でした。ジェンダーバランスについて「女性の数が多ければいいというわけではない」という声をよく聞きますが、いえいえ、数は重要です。メンターとしての女性正教授が身近にいることは、ジェンダーについて講義で学ぶことより大きな影響力を持ちます。「こうなりたい」「こうなれるんだ」ということが現実に実体をもって体験できるからです。

美大のある男子学生から「女子学生は（男性）教授に優遇されている。あまり厳しいことは言われないし、重労働も免除されている」と聞きました。これは「男子学生差別」でしょうか？美大の学生は圧倒的に女性が多いのですが、卒業後、アート界で活躍しているのはいまだに男性が大多数です。これは「女性には実力がない」からでしょうか？実際には、初めから女性はアーティストとして大成しないという先入観があり、だから期待もしないし真剣に指導もしない、というのが本音なのではないでしょうか。数年前に医大入試で、一生医師として働かないかもしれない女子より男子を優先させていたという事件がありましたが、美大では入試の時点で足切りはしないものの、入学してからの性差別的待遇はあると思います。以前は女子が美大に行くのは「いいご趣味」にすぎず、真剣にアーティストとしてやっていく覚悟で進学するのではないという世間の認識がありました。これは今でもあまり変わっていません。一方で、あまりに度を越した「親身の指導」は、特に男性指導教官と女子生徒の場合、セクハラ、パワハラを誘発する危険があります。私の知っている限りでも、特に徒弟制度が残っている工芸部門で、「手取り足取り」の指導が身体的、精神的ハラスメントにつながった例が複数あります。また、男性教授がそれを危惧するあまり女子生徒と距離を置き、親密に話すのも避ける、その結果女子に対する指導が劣化するということもあります。

美術大学だけではなく、一般大学でもジェンダー格差は厳然としてあり、悪質なセクハラ、性暴力の事件は後を絶ちません。いわゆるエリート大学の学生による性犯罪の有名な事件は二〇〇〇年以後だけでも、

▽早稲田大学レイプ・サークル事件▼1（二〇〇三年）
▽一橋大学アウティング事件▼2（二〇一五年）
▽東京大学集団強姦事件▼3（二〇一六年）
▽慶應義塾大学レイプ事件▼4（二〇一六年）

などがあります。

これらの中でも被害者はマスコミに暴露されることを恐れて告訴をしないか取り下げたケースが多くあります。また、加害者の多くは執行猶予や軽い判決を受け、大学当局もそのような事件をもみ消そうとし、ほとんどの学生は名前を公表されることなく無事卒業して社会に出ています。

一橋大学の「ゲイ学生アウティング」事件は広く報道され、このような事件に対する理解と予防のための教員と学生の努力がなされています。ＬＧＢＴＱの学生による映像作品もあります▼5。

しかし、このケースでも、自殺した学生の両親による一橋大学への損害賠償請求は却下されました。各大学ではハラスメント防止やカウンセリングなどが設置されていますが、実際にあまり効果をあげているようには見えません。「プライバシー保護」を口実に表沙汰にせず、内々に済ませたり、被害者に泣き寝入りを強いたりする事例も聞いています。加害教授が馘首された例はごく稀です。

二〇一八年、後で詳しく述べるアラーキーこと荒木経惟によるセクシャル＆パワー・ハラスメントが明るみに出ました。国内外で有名なアーティストの犯罪的なハラスメントは大きな反響を呼びました。これを機にしてアート界、映画界でのハラスメント告発が相次ぎ、二〇二〇年にはミニシアター、アップリンクのパワハラ問題、二〇二一年には現代アート集団「カオス*ラウンジ」での性暴力と搾取が明るみに出ました。その後も映画・エンターテインメント業界での強姦事件の告発が相次ぎ、これまで「芸術」の美名に隠されていた権力構造とその暴力性が露呈してきました。

それを受けて、アーティストグループ、独立機関などによって、草の根からのアート業界のハラスメント調査やハラスメント防止教育の活動が行われました。

▽「明日少女隊」によるアート界のセクハラ防止キャンペーン[6]
▽強姦罪の法改正を求める運動の支援[7]
▽「ひととひと」による美術界におけるセクハラ事件のアンケート調査・相談[8]
▽「表現の現場調査団」（女性アーティストや学者、弁護士によるチーム）によるより広いアート界（美術、舞台芸術、映画、美術館など）におけるハラスメントに関する調査・研究[9]

調査の結果を見ると、特に美術分野に顕著なのは、アーティストとしてのキャリアが危うくなるのではないかと被害を話せなかったり、話せたとしてもどこに相談していいかわからないという現状です。アート業界ではいまだにきちんとした契約が作られることは稀で、ほとんどが権力を持っている側（プロデューサー、監督、学芸員、ギャラリー、評論家、各種審査員、有名アーティストなど）の胸三寸です。そしてそれら権力を持っている側は圧倒的に男性で占められています。大学在学中なら大学内にハラスメント対応の窓口がありますが、アート業界ではそのような窓口は作られていません。美術評論家連盟は前会長のセクハラ問題による退任を受けて、二〇二二年にハラスメント防止のためのガイドラインを制定しました。[10] 美術界では特にアーティストに対して権力を持っている立場の学芸員、評論家からなるこの連盟に相談窓口ができることは一つの前進だと思います。しかしながら、これは対処療法のほんの一部に過ぎず、ハラスメントの元凶になっているジェンダー観や業界のジェンダーインバランスの構造は依然として変わっていません。二〇二二年「表現の現場調査団」によれば、一〇分野の男女比率を調査したところ、教授や審査員、評論家、監督など、表現者を評価・指導する側の立場が男性に偏っている（ほぼ八〇％）ことが明らかとなりました。

アラーキー事件と「キャンセル・カルチャー」？

「アラーキー（荒木経惟［一九四〇－］）のヌード写真作品は被写体との親密な関係性に成り立っている『プライベート・フォト』であり、そこでは被写体は主体性を持って自分の身体を彼に撮らせている」とされてきました。彼を特に海外で有名にしたのは着物や制服を着た半裸の女性の緊縛写真ですが、それらもモデルは彼の「ミューズ」であるとされ、そのような姿を晒すことが彼女たちにとっても保守的な日本社会の枠組みから解放される手段だと説明されてきました。これはリブの「エロス解放」にも通じる理論ですが、二〇一八年、そのような写真のモデルであったKaoRiが手記で荒木のハラスメントを告発するに至って、このような「物語」は全くの虚構であったことが明らかになりました。告発の中でKaoRiは荒木との「親密な関係性」を否定し、業界に慣れていない一九歳のモデルを「天才」とされるアーティストの威光で抑圧し、搾取してきた実情が語られています。きちんとした契約も、モデルとしての肖像権の合意もなく、性暴力に近い撮影現場で抵抗しても無視され、彼女は「有名芸術家なら何をしても武勇伝になって正当化されるというメディアの判断にも不信感を募らせた」と言います。「芸術という仮面をつけて、陰でこんな思いをするモデルがこれ以上、出てほしくありません」というのが彼女が告発に踏み切った理由です。▼11

早くから荒木を批判してきた数少ない美術史家の萩原弘子は、この問題について作品のクオリティの良し悪しとか、これが性差別に当たるか当たらないかのような二元論は不毛だと言います。それらは結局は「良い作品に罪はない」もしくは「性差別に当たるものは全てダメ」かの極論の対立になるしかありません。しかもその「クオリティ」「性差別」の定義や判定条件さえ曖昧で恣意的なものです。萩原は、荒木の作品を流通させ、受容させるための「物語」を作った「アラーキー企業体」、アート業界のあり方に目を向けます。現在女性の身体を被写体とした現代美術写真は、笠原キュレーションの「ラヴズ・ボディ」にもある通り、単なる「男性目線での女性美」を超えたところで展開されており、荒木のような「緊縛ヌード」は欧米では時代遅れで差別的とされるはずです。しかしながら、荒木は海外でも受容されてきました。萩原はそれを一種の「オリエンタリズム」だと言います。日本は特殊であり、このような一見差別的な表現も「実は」

女性の解放につながるのだ、欧米とは社会・文化構造が違うのだから、これを芸術として鑑賞対象にしてもいいのだ、という文脈が作られました。[12] その「言い訳」を盾にすれば「東洋の女性を性的対象として見る」という旧来の欧米男性のオリエンタリズムが不問にされるのです。「アラーキー企業体」はこの「文化特殊論」をうまく使って欧米の美術界に容認され、それをテコにして国内でも一層アラーキーが「天才」として賞賛されるように操作しました。KaoRi の告発でその「物語」が破綻して以後、さすがに海外でその「物語」が受け入れられることはなくなりましたが、日本では今も、美術業界の動きは非常に鈍く、モデルとのきちんとした契約などが改善されたとも聞きません。荒木自身は沈黙を守っています。

一方で荒木を擁護し、これは「天才」を貶める「キャンセル・カルチャー」だとの声も聞かれます。「キャンセル・カルチャー」とは、主にSNSなどで著名人の過去の行動や発言を糾弾し、炎上させ、社会的地位を失わせる風潮を指します。欧米ではトランスジェンダーに否定的な発言をしたJ・K・ローリングが非難の対象になったことが挙げられます。しかし、荒木の場合は差別的どころか犯罪ぎりぎりのハラスメントがその作品の根幹にあるのですから、批判は受けて当然ですが、彼が社会的地位を失ったという事実はありません。

「キャンセル・カルチャー」は社会的影響力のある地位にいる人に、人権や平等についての態度をアップデートさせるという意義もあります。日本でもオリンピック開会式担当者に過去のいじめや差別発言が発覚し、更迭された例、有名左翼ジャーナリストがセクハラで編集長の座を追われた例もありました。しかし、一般的にはハラスメント事件などで高い社会的地位を持つ加害者がそれを完全に失う例は多くありません。後述する伊藤詩織強姦犯人でさえ司法の目をかいくぐり、以前と変わりなくマスコミで活動したり発言したりできています。差別的「失言」を発した政治家も「遺憾」を表明しただけで終わる例がほとんどです。本来なら彼らのような社会的権力のある人たちは、その発言の責任を取ってその地位を去るべきなのですが、それどころかかえって批判に対して「自分こそキャンセル・カルチャーの被害者だ」と開き直る例が最近多く見られます。日本で「キャンセル・カルチャー」が「表現・言論の自由の抑圧」という否定的な意味で使われる場合の多くは、女性差別、民族差別、歴史修正主義者の発言や行動が批判の対象となったときです。曰く「そんなこと（些細な差別、失言）で有能な人間を抹殺すべきではない」「作品と人格は別のもの」そして「言論の自由を否定するのはおかしい」云々。しかし、こういう主張をするのはもともと発言や表現の場を持っていた人たちです。彼らの権力がどのように構築されたのか、誰の言論や発言が力を持ち（持たされ）、それは社会にどのように作用しているのかをきちんと見極める必要があります。その意味で荒木のケースにおける萩原の分析は非常に重要です。「言論・表現の自由」というのは普遍的な価値であるとされますが、それが誰にでも無条件で与えられているのか、与えられるべきなのかは非常に複雑な問題です。

第10回

検閲という相対主義

加速する検閲――あいちトリエンナーレ2019

二〇〇〇年以後も右派の反フェミニズム、歴史修正主義キャンペーンは拡大し続けました。特に第二次安倍政権中（二〇一二－二〇二〇）には内閣主導によるマスコミ支配が著しくなり、「報道の自由度」は年々順位を下げ、「国境なき記者団」二〇二二年調査によると世界で七一位に低迷しています。

二〇一〇年代には政府や地方自治体によるあからさまな検閲が目立つようになりました。特に「平和の少女像」について、日本政府は二〇一一年からソウル日本大使館前からの撤去を求めていましたが、その後海外の「少女像」建立だけでなく、「少女像」の展示にも直接介入してくるようになりました。二〇一三年にカリフォルニア州グレンデール、二〇一七年にサンフランシスコとマニラにも同様の「慰安婦像」が設置されたときには、グレンデールでは日本会議の後援を受けた右翼団体によって反対運動が起き（最高裁で却下）、また、サンフランシスコの像建立後、姉妹都市である大阪の吉村市長（日本維新の会）が「両市の信頼関係を破壊」したとして姉妹都市関係を解消しました。マニラの像は二〇一八年、日本政府の要請により撤去され、現在、ベルリンのミッテ地区に建立された「少女像」も日本政府、韓国右翼団体から抗議を受けています。[1]

この「平和の少女像」をめぐって、日本における最も大きな現代美術国際展である「あいちトリエンナーレ」で重大な検閲問題が発生しました。トリエンナーレの一部である「表現の不自由展」の検閲・閉鎖です。そもそも「表現の不自由展」は、日本で過去に検閲された芸術作品について考察するというテーマで企画された展覧会でした。最初は二〇一五年、東京都内の画廊で開催されたのですが、これを見た「あいちトリエンナーレ２０１９」ディレクターの津田大介がこの展覧会を「作品」としてトリエンナーレに招聘しました。つまりこれはトリエンナーレの一部であり、展覧会の中の展覧会であったということです。しかし、「不自由展」部分は開幕からわずか三日で閉鎖を余儀なくされました。

この展示を企画したのは「表現の不自由展実行委員会」（アライ＝ヒロユキ、岩崎貞明、岡本有佳、小倉利丸、永田浩三）で、彼らが「招聘作家」としてトリエンナーレの中でこの展覧会を企画・開催しました。「不自由展」への参加作家は私を含む一三名＋三組で、展示作品は、戦争犯罪や植民地、天皇制、原爆、福島原発事故など、現在日本では「タブー」とされる、日本の歴史に深く関わる問題を多く扱っていました。特に大浦信行の「遠近を抱えて」（天皇の肖像をコラージュに組み入れた作品）と「平和の少女像」は以前の検閲が広く知られていたため、注目の的となりました。

「焼かれるべき絵」

私が展示した作品は一九九三年に制作したものです。これは「'86富山の美術」展に出された大浦信行の作品「遠近を抱えて」が、右翼の集団の抗議と脅迫によって富山県立近代美術館から検閲を受け、昭和天皇の肖像をコラージュした大浦作品を掲載したカタログが数百部焼却されたことに対する抗議の作品でした。この上に検閲を示す赤いXマークが重ねられた人物は、そのアイデンティティを曖昧にするために顔を削ってありますが、軍服から昭和天皇と推測されます。この銅版画作品のエディションを一〇部作り、一部は焼いて灰にしました。その上で美術館に、この作品を寄贈したいが、右翼の反対を考慮して前もって灰にしておきますと説明した手紙を添えて送ったところ、「当館では必要としません」と送り返されてきました。「表現の不自由展」には、半分燃やした版画と手紙、灰、美術館からの返事を展示しました。これが単純に「反天皇」の作品ではなく、富山県立近代美術館の検閲を皮肉る作品であることは展示を見ればわかるのですが、右翼はこの作品を見ることもせず天皇の御真影を燃やす反天皇、反日の作品と決めつけ、東京にある私の取扱画廊に、何度も脅迫メールを送ってきました。

あいちトリエンナーレ2019は八月一日に開幕し、視察した河村たかし名古屋市長は、「平和の少女像」展示に強く反発しました。八月二日、河村市長は報道陣に対し、「(この作品は)明らかに日本人の気持ちを踏みにじるものだ」と述べ、作品の撤去や展示の中止を提案し、トリエンナーレへの市負担金支払いを拒否しました。地元行政の長である市長からのこの発言は、明らかな検閲です。市長発言後から「市民」による苦情や脅迫の電話やＦＡＸがトリエンナーレ実行委員会に殺到しました。ただし、受付に取材したジャーナリストによると、電話の主はほぼ全員男性で、その内容はほとんど同じもの（「少女像を撤去させろ、反日だ」など、河村市長の主張）だったそうです。これを受けてトリエンナーレの主催者は安全上の問題を理由に「不自由展」中止を決定しました。しかし実際の理由は「少女像」と歴史認識の問題にあることは明らかでした。当時安倍政権の官房長官だった菅義偉（のち首相）は、この展示に問題があるとして文化庁からの助成金の停止を示唆しました。日本の右派の動向に詳しい米モンタナ州立大学の山口智美准教授（文化人類学）は「日本は『官民一体』となって海外の慰安婦の像や碑の撤去運動を展開してきた。今回の問題はその延長線上にある」と明言しています。[2]

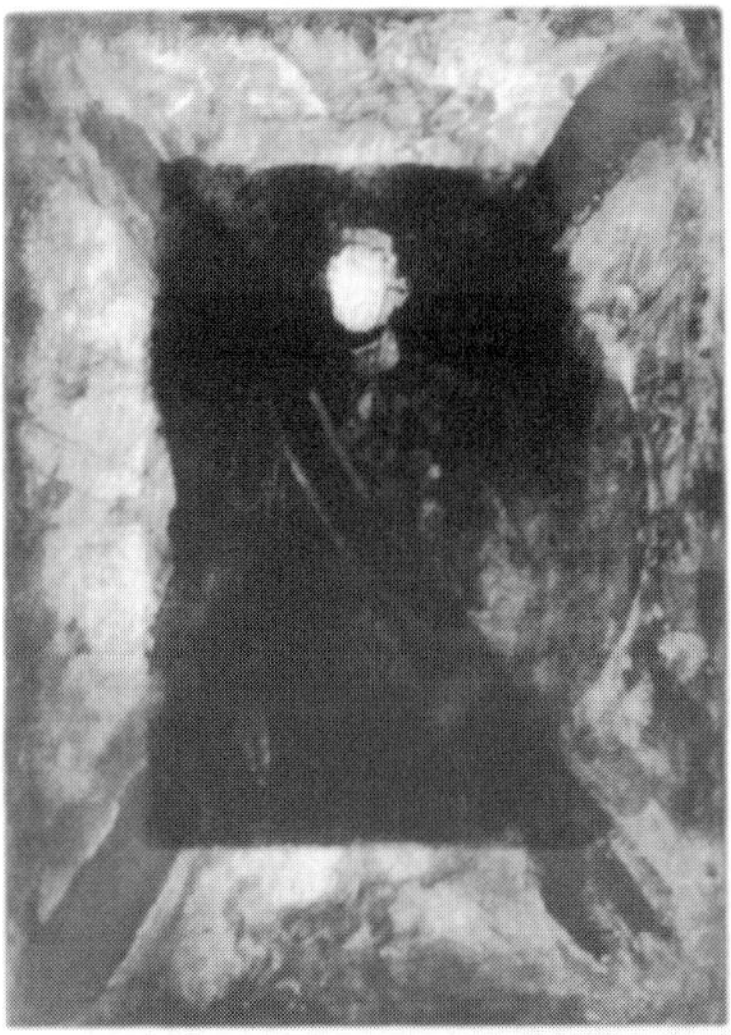

▲「焼かれるべき絵」

しかし、トリエンナーレ実行委員会は、あくまでこれは検閲ではなく、保安上の理由による閉鎖だとの主張を崩しませんでしたが、実際には電話攻撃以後何ら具体的なセキュリティ対策を講じていません。電話をふるい分ける、監視を強化する、警察に警備を依頼するなど、簡単に閉鎖を決める前にできたことがあるはずでした。これは河村市長・右翼からの抗議があった時点で「閉鎖ありき」で動いたとしか思えません。なお、この閉鎖決定において、「不自由展」出品作家には一度も連絡も打診も報告もありませんでした。

閉鎖後、有識者による「検証委員会」が設置されたのですが、こちらも歴史認識問題には全く触れず、原因を保安問題だけでなく、キュレーション（企画の実施手法）の問題であると指摘し、津田ディレクター、「不自由展」実行委員会批判に終始しました。検証委員会は、津田氏の判断や行動などについて「背信とのそしりを免れない行為」「ジャーナリストとしての個人的野心を芸術監督としての責務より優先させた可能性」などと、津田氏があたかも炎上狙いで「不自由展」を招待して混乱を招いたかのように批判し、「不自由展」自体をも「あいちトリエンナーレの期待水準に達しない、『芸術の名を借りた政治プロパガンダ』と批判される展示」などと厳しい言葉で断罪しました。▼3 また、「不自由展」実行委員会に対しては、「制作の背景や内容の説明不足」を指摘し、「政治性を認めた上で偏りのない説明」が必要で、「すなわちキュレーションに失敗」したと批判しました。▼4 簡単に言えば、有識者の目からすれば「不自由展」実行委員会はこのような挑戦的な展覧会をきちんと提示できる能力のない「素人」で、それを知っていながら津田ディレクターは自分の売名のためにあえてこれを招待したという結論で、事件の責任は全て両者に転嫁されたのです。

この検閲にいち早く反応したのが海外からの招聘アーティストでした。特に南米と韓国からのアーティストは「表現の自由を守るために」という声明を出し、「(表現の不自由展)を閉鎖するという決定を検閲行為として容認できない」と非難し、その再開を主張しました。そして「攻撃の主な対象は、キム・ソギョンとキム・ウンソンによる作品『平和の少女像』であり、この作品は、日本が抑圧し続けている歴史問題である日本軍性奴隷制(「慰安婦」)に焦点を当てて、歴史の記憶を修復しようとする彫刻作品である」と明確に指摘しました。そして、トリエンナーレ実行委員会から再開についての明確な返事が得られない中、「検閲を受けたアーティストとの公的な連帯の意思表示として、展示が再開されるまで私たちの作品のトリエンナーレでの展示を一時的に中止することを主催者に要求します」とトリエンナーレのボイコットを宣言しました。

一方、検閲の実際の被害者である「不自由展」参加アーティストは、閉鎖に関して全く蚊帳の外に置かれました。関係各所を「検証」したはずの検証委員会は「不自由展」アーティスト全員にインタビューはしていません。そもそもトリエンナーレに「アーティスト」として招聘されたのは「不自由展実行委員会」であり、「不自由展」参加アーティストは正式な「トリエンナーレ・アーティスト」ではなく、その作品も「トリエンナーレのクオリティに匹敵しない」かのように扱われました。タニア・ブルゲラ(キューバの招待作家)は、それについて「観客の苦痛やスタッフの苦痛について考え、心配する人々はいるけれど、検閲を受けたアーティストたちの苦痛について考える人がいないことが気になります」と指摘しました。「不自由展」参加作家は「正式招聘アーティスト」とは認められず、ただバッシングを受け、ツイッター、メールなどで右翼から誹謗中傷を受けたのにもかかわらず、どこからも直接の謝罪や連絡もなく、抗議する場さえ与えられませんでした。

「表現の不自由像になってみる」

私は二〇一九年七月末から八月末にかけて香港でリサーチ・レジデンス中（あの香港民主化デモの真っ最中）だったので、あいちトリエンナーレの搬入も人任せで、この騒動に直接参加することは全くできませんでした。閉鎖についても最初に知ったのは取り扱いギャラリーからのメールでした。ディレクターから直接メールが来たのは閉鎖後で、全体像を把握し、直接関与することは非常に困難でした。いくつかのアーティストによる抗議活動についてもバラバラな情報しか得ることができず、また、そういう活動からも「不自由展」アーティストは一部の「有名」アーティストを除いては疎外されていると感じました。私の作品についても、間違った報道がされましたが、日本の報道機関から直接取材が来ることはありませんでした。この事件について多くの報道がなされながら、当事者である「不自由展」アーティスト、その作品、テーマである検閲、歴史認識の問題には全く触れられないという不条理な状況でした。それに比べて、滞在中の香港や韓国の報道機関からは取材が相次ぎ、新聞、美術雑誌、TVなどで長い記事が掲載されました。

実はトリエンナーレに先立つこと一カ月ほどの六月、名古屋大学でメキシコのフェミニスト・アーティストで、トリエンナーレ招待作家のモニカ・メイヤーと私によるトークがありました。

その時彼女は、私の「日本人慰安婦像になってみる」のパフォーマンスにとても興味を示してくれました。彼女もトリエンナーレ開始前に帰国したのですが、「不自由展」閉鎖のニュースを聞いた直後、「これは検閲に他ならず、南米の同僚と一緒にトリエンナーレのボイコットを考えている」旨のメールをくれました。彼女は、この検閲の核心は慰安婦問題にあると看破し、委員会がこの問題を取り上げず、安全上の懸念ばかりを口にしていることに怒りを感じていました。私たちは、二人とも現場にはいなかったのですが、この問題を可視化するため「表現の不自由像になってみる」と題し、「不自由展」検閲への抗議として自分が「少女像」になった写真も送ってもらうことにしました。世界中から四〇〇枚以上の写真が届きました。多くはフェミニストのアーティスト、学者、活動家仲間からのものです。

▲「表現の不自由像になってみる」

他の日本人アーティストの反応

トリエンナーレに参加した国際的なアーティストの多くが展覧会をボイコットしたのに対し、日本のアーティストは非常に反応が鈍く、中にはボイコットは他のアーティストの出展権に対する「暴力行為」だとさえ言う人もいました。一部のアーティストは、トリエンナーレが被った批判の原因を「表現の不自由展」に帰し、それがあまりにも政治的で、クオリティが低かったからだとしました。閉鎖をはっきり「検閲」とするアーティストもほとんどおらず、彼らが「表現の自由」を掲げて抗議を始めたのは、文化庁の助成金がカットされるかもしれないと報道されてからでした。一部の女性アーティストは「ジェンダー・ステイトメント」を出し、この問題の根本に「慰安婦問題」があり、日本の歴史や社会に根強くあるミソジニーを問題にしようとしましたが、美術界からの反応はほとんどありませんでした。私はこのステイトメントの作成にあたって香港から助言しましたが、結局は男性アーティストの介入で内容を曖昧にさせられたようでした。

一方で、日本の若い男性アーティストたちが、アートプロジェクトとして「サナトリウム」という右翼団体との「対話」の場を作りました。そして「左翼」支持者、特に女性に対話に参加するように呼びかけました。私は香港にいたので参加しませんでしたが、もし日本にいたとしても参加しなかったと思います。なぜならば、主催者のアーティストは「中立」を宣言しており、ローマのアリーナで行われたグラディエーターの戦いを「見物」するような態度にしか見えなかったからです。だいたい「中立的なアート」はあり得るのでしょうか？「ニュートラルな対話の場を作る」というのは単に責任回避では？「対話」の場には多数の右翼団体メンバーの出席があり、女性アーティストは行くことを躊躇せざるを得なかったとメールがありました。あれだけ

「セキュリティ」云々と言っておきながら、右翼に対峙するアーティストの安全は度外視されたわけです。しかし、出席しないと「せっかくの対話の機会を与えてやったのに、無視する方が悪い」と自己責任論で終わってしまいます。

だいたい、歴史修正主義やヘイトも「表現の自由」のうちなのでしょうか？ 悪しき相対主義で歴史的事実もヘイトもフェイクもとにかく「両論併記」しておけばよしとし、ジェンダー、権力の不均衡を無視した「対話」は、権力側、右翼側の言葉にお墨付きを与える場でしかありません。極めて排除的な見解を含めた「意見」を、その排他性、事実の捻じ曲げ、犯罪すれすれの暴力性を不問にして「議論」することは、一体どのような政治に加担しているのかということを、このアーティストたちは考えたことがあるのでしょうか？ 残念なことに、現状ではアーティストがこのような「中立」的立場をとり、「一緒に考えましょう」とお為ごかしを言って応答する責任を回避した「アート・プロジェクト」が、「ソシャリー・エンゲージド・アート」として美術界でもてはやされています。

「不自由展」その後

結局、あいちトリエンナーレ検閲問題は、誰も責任を取らず、問題の根源を語らず、うやむやのうちに終了しました。トリエンナーレ実行委員会、ディレクター、知事、「不自由展」実行委員会、トリエンナーレ招待アーティスト、「不自由展」参加アーティスト、観客の間になんの関係性も構築できず、それぞれが別のアジェンダを抱えたまま実りある議論もなしに終わりました。

その結果として、「ああなっては困る」と疑心暗鬼、忖度、自己検閲が広がりました。以下に主なものを挙げますと。

しんゆり映画祭で『主戦場』上映停止（二〇一九年）

『主戦場』はミキ・デザキ監督による慰安婦問題についてのドキュメンタリー映画ですが、デザキ監督に対するスラップ訴訟（後述）に共催の川崎市が懸念を示したため、しんゆり映画祭実行委員会は同作品の上映を見送ることを決定しました。これを受け、独立系映画会社の若松プロダクションは、二作品の上映を取りやめ、〝表現の自由を殺す行為〟と強く批判しました。この行動と、また世論の反発もあって、『主戦場』上映は再開され、映画祭終了後に実行委員会は解散しました。

ミキ・デザキ監督に対するスラップ訴訟*

『主戦場』に出演した日本会議系の政治家・ジャーナリストらが「上映に合意していない」とデザキ監督を提訴しました。しかし、監督は事前に承諾書にサインをもらっており、二〇二二年に勝訴しましたが、原告側は即時抗告しました。彼らの目的は裁判に勝つことではなく、訴訟中という理由での『主戦場』上映自粛や国内でのＤＶＤ発売延期を狙ったものです。ちなみに海外ではスラップ訴訟をしにくいような法律制度があるのですが、日本ではやり放題です。

「Japan Unlimited」（ウィーン、二〇一九年秋）に対する検閲

私も参加したオーストリア・日本国交一五〇周年記念の現代美術展への日本大使館推薦が突如取り消されました。外務省中・東欧課の田口精一郎課長はロイターに対し、「展覧会の内容は日本とオーストリアの相互理解と友好関係を促進するものではないと判断した」と述べたのですが、展覧会はすでに開幕しており、推薦取り消し数日前の私のアーティスト・トークには大使館文化参事官も出席、その後ディナーにも同席し、問題があるとは一言も言っていませんでした。どうやら、展覧会を見てもいない某国会議員が内容を知って大使館に苦情を入れたのではということです。この展覧会には安倍首相らしき人物に扮したアーティ

▲「1945」

＊スラップ訴訟　正当性がないのに嫌がらせ、妨害のために起こす訴訟のこと。

ストが国連演説のパロディを演じるビデオ（会田誠）や、戦時中の天皇と連合国軍の日本占領を指揮したマッカーサー元帥の有名な写真を再現し、日米関係を風刺した作品（「1945」嶋田美子、ブブ・ド・ラ・マドレーヌ）、福島原発爆発後に謝罪する東電幹部のアニメーション（鳥光桃代）などの作品が展示されていました。この件は欧州で話題になり、主な新聞、美術ジャーナル、ＴＶなどで取り上げられることになりました。

ひろしまトリエンナーレ中止（二〇二〇年）

二〇二〇年三月、展示内容を事前選定する検討委員会設置の方針を県が表明し、これに対して総合ディレクターが抗議の辞任。トリエンナーレ自体が空中分解しました。

ベルリンの「慰安婦」像

そして「平和の少女像」については、性懲りもなく日本政府は海外での建立に反対しています。これに韓国内の極右女性団体も賛同し、ベルリンに使節を派遣する騒ぎになっています。

他にも様々な展覧会で忖度や自己検閲がすでに行われているのですが、これらは開催以前に内部で調整され、表沙汰にはなっていません。

その後の不自由展

「表現の不自由展」はその後、二〇一九年から二〇二〇年にかけて、韓国、済州島平和公園で行われた「島の歌」展に招待され、あいちで展示された作品のうちChim↑Pomと横尾忠則を除く一四アーティストの作品が展示されました。二〇二〇年には台北当代芸術館に巡回し、安世鴻、キム・ソギョン／キム・ウンソン、嶋田美子、白川昌生、豊田直巳、永幡幸司の作品と日本の検閲の歴史資料が展示されました。これらの海外巡回展は当然ながら閉鎖を求める電話や「クオリティ」への批判などはありませんでした。

二〇二一年春、東京での「不自由展」巡回が企画されましたが、会場予定の貸画廊が右翼の街宣に萎縮して直前で会場提供を拒否、実行委員会はアーティストをオンライン招集して「延期」を伝えました。街宣は予測されており、前もって十全な予防処置と画廊および周辺のコミュニティの理解を得ているとばかり思っていたので、これは驚きでした。実行委員会（この時点で小倉氏は脱会）は「右翼に知られると困る」ということで準備は全て秘密裏に進め、近隣に説明もしていませんでした。最終的にこれは右翼の圧力に屈した東京実行委員会の自己検閲で、あいちトリエンナーレの構造となんら変わりはありませんでした。この展覧会は検閲を考えるための美術作品の展示であり、「平和の少女像」を展示することが目的ではありません。しかしながら「不自由展」東京実行委員会にとっては「右翼との対決」と「少女像展示」が絶対的正義であり、そこのみに存在意義を見出しているように感じました。私はミーティングで、画廊で開催できないのなら屋外（多摩川河川敷など）でゲリラ的に行う、行き先を告げないバスツアーを組んで秘密の展示会場に観客を連れて行く、全てオンラインでヴァーチャルで行うなど、いくつかの案を提示したのですが、「延期」はすでに決まっていたことらしく、委員会からは何の反応もありませんでした。右翼が「少女像」に反対するのだから、それを展示しないのは「表現の自由」を放棄したことになる、というのが実行委員会の立場なのですが、それはあまりにも短絡的な反応で、「表現の自由」はこの一作品に収斂されるものではなく、多様な表現、多様な展示方法を模索することこそが「表現の自由」を考えることになります。しかし、私の意見も提案も受け入れられず、他のアーティストからの発言もなかったので、私は今後東京の「不自由展」には関わらないことを宣言しました。その時点で実行委員会の中で唯一美術に詳しかったアライ＝ヒロユキ氏が委員を辞任したことも知りました。

一方、大阪での「表現の不自由展かんさい」が同時期に企画されていました。こちらは全く異なった実行委員会で、大阪府の公共スペースである「エル・おおさか」を確保してありました。委員会メンバーは二〇一九年のあいちトリエンナーレを見に名古屋まで行ったのに抽選に漏れて観覧できなかった人たちで、「展覧会を企画したのは自分の目で作品を見たいからで『少女像』だけにフォーカスするものではない、全ての作品を見せたいので参加してほしい」という要請がありました。私も彼らの「一般市民の見る権利」を第一に掲げる姿勢に賛同し、かんさい展には参加することにしました。しかし、六月二五日、開催三週間前になってエル・おおさかが突然使用不許可を通達。これには吉村大阪府知事の介入がありました。大阪実行委員会は関西の市民運動グループやジャーナリストに訴え、支援を要請し、弁護団を組み、使用許可を求めて提訴しました。これに応じて関西の反民族差別運動、障がい者運動、反戦、反核運動、ＬＧＢＴＱ運動などのグループがすぐさま支援に乗り出し、使用許可を求めて署名、陳情活動を開始しました。要望書を提出なさった方の一人は「救援」創始者の一人で現在反原発の活動をしておられる水戸喜世子さんでした。そこにはなんとしても、政治介入なしに芸術鑑賞する当たり前の自由を侵させてはならないという強い決意が表れていました。

▲大阪「表現の不自由展かんさい」の市民の壁（提供：表現の不自由展かんさい実行委員）

　七月九日には地裁が展示会場の使用を認める決定を出し、エル・おおさかが上告するも高裁、最高裁で即座に棄却されました。勝訴決定はオープンの一日前でした。会期中も右翼の宣伝カーが罵詈雑言を大音量で流すなど嫌がらせがありましたが、それに対して市民がボランティアでそれぞれ展示を支持するプラカードを持ち「沈黙の人の壁」を作って展示を守りました。たった三日間だけの展示でしたが、連日五〇〇枚のチケットは売り切れ、のべ数百人に上る会場整理や警備、弁護士のボランティアのおかげで、なんのアクシデントもなく、無事に展覧会を開くことができました。東京から見に来た友人は「私は今日訪れただけですが、見てとるところ主催者・支援者たちはセクシャルライツから労働運動から様々な差別問題に携わる人たちで、誰が偉いという雰囲気がなく、皆多様な格好をしていて前向きでやり手、それに加えて今回ニュースなどで聞きつけて手書きのプラカードを持ってきた一般市民たちといった風でした。地に足がついてかつしなやかな感じがしました。可視化されぬものを芸術を通じて見せてもらうことは、私自身を鏡のように映し出してくれ、外の喧騒とは裏腹にとても厳かに感じました」との感想を寄せてくれました。

芸術が生まれるのは、作品が完成した時ではありません。作られた時点で作品は作家を離れて独立し、そしてそれを観客が見ることで初めて芸術が成立します。しかし、実際にはこれに企画者、美術館、市場、批評家などが色々絡んで価値づけし、「お墨付き」が与えられたもののみが展覧会として公開されます。そこでは観客の「見たい」という願望は重要視されません。

今回のように、見る側が主体となり、「自分の目で見て判断する、行政や一部の人たちの介入するところではない」という強いメッセージを持つ展覧会を企画し、そして文字通り身を挺して

「見て、考える権利」を守った、というのは日本では前代未聞ではないでしょうか。汚い言葉を浴びせる右翼の街宣を前に、各自がプラカードを掲げてのサイレント・スタンディングで作った人間の壁は、それ自体が芸術だったと思います。アーティストとしても、これだけ観客の「見たい！」という強いエネルギーと生で向き合ったのは初めてでした。「作家と、作品と、観客の交歓によってアートができる[5]」という初源的なあり方に立ち会うことができたのはこの上ない幸福でした。

その後も「不自由展」は東京で再開され、また地方の有志による実行委員会による「少女像」を中心とした展示を続けていますが、「右翼による妨害」予防のため展示場所を秘密にして予約チケットを販売するという方式で、「少女像是か否か」だけに問題は単純化され、参加するのは賛成する人および反対する極右のみ、美術展というよりは秘密の政治結社集会、右翼との闘争のステージとして奇妙な「相互依存」の様相を見せています。

東京と大阪の「不自由展」は色々な意味で対照的です。東京展実行委員会は「少女像の展示を実現することが憲法に明記された表現の自由を守ることだ」と主張しましたが、それのみに固執した結果、他の様々な視点による作品から浮かび上がる「表現の自由」をより深く考えることにはなりませんでした。一方、かんさい展はあくまで「市民の見る権利」のための企画ということで、それに対して行政からの検閲があり、やむなく法的手段に訴え、市民の大きな支援もあり、今後の公共の場での「表現の自由」にとって非常に重要なものとなる最高裁判決を勝ち取り、様々な人たちの参加によって展覧会を開くことができました。東京展は実行委員会の政治闘争の方便としての美術展であり、かんさい展は市民の見る権利のための美術展であったと言えるでしょう。

第11回
表現の不自由とフェミニズム

それぞれの「表現の自由」？

「表現の自由」というのは口当たりのいい言葉で、それを言っておけばリベラルな感じで間違いない、がこれまでの通例だったのですが、今や「表現の自由」は自明なことではありません。「ありとあらゆる表現は自由」？　話がそんなに簡単ならいいのですが、現実はそれぞれが自分たちの「表現」こそが正義で自由であるべきで、他の、特に敵対する表現は自由に値しない、規制されるべきだという考えが蔓延しています。

「あいちトリエンナーレ」で露呈した「それぞれの表現の自由」は以下のものがあります。

「愛国無罪」

文字通り、右翼の人たちの表現で、とにかく内容が愛国であれば表現方法その他は全く不問で何でもよしとし、その表現にはしばしば民族差別、女性差別の表現を含みます。その一部は「へイトスピーチ解消法」の規制対象になります。

「アート無罪」

内容はどうであれ（わいせつ、エログロ、差別）「現代アート」という体裁を保っていれば何でもあり。しかし何をして「アート」と定義するかは非常に曖昧で、結局は美術界のお墨付き（芸大卒である、画廊・美術館で発表している、有名評論家に支持される）でなんとなく文句がつけられない状態に持っていきます。ただし、性的表現に関しては刑法第一七五条に抵触するとして規制を受けます。また、政治的表現については「アート」とみなされない、または劣ったものとみなされ、排除の対象になっても見て見ぬふりです。

「憲法無罪」

憲法で表現の自由は保障されているのだから、内容も形式も何でもありという主に「憲法」を信奉するリベラル派の主張。しかし、全部ＯＫかというとそうでもなく、「愛国無罪」のような右翼の表現は認めないという矛盾を呈してしまいますが、その矛盾さえ認めないこともあります。

番外：「表現の自由戦士」

検閲反対、表現の自由は全て保障されるべき、という点では「憲法無罪」と同じですが、その主張が主にアニメ、マンガなどの性的表現規制に反対という部分は「アート無罪」に、そして歴史・政治的な問題（特に「慰安婦」問題など）に対する検閲については反対しないところは政治的に「愛国無罪」（と言うか「反日有罪」）に類似しています。特記すべきは、性的表現に反対するフェミニストを天敵とみなしており、SNSで非常に乱暴な「反フェミニズム」キャンペーンを行っている点です。二〇二二年七月の参議院議員選挙で自民党から出馬し、比例区最多得票で当選した漫画家・赤松健は「表現の自由を守る会」最高顧問、同会長は自民党参議院議員・山田太郎です。

このように三つ巴、四つ巴にそれぞれが自分たちの「表現の自由」を主張するのですが、加えて、お互い異なった主張を「ヘイト」として排除を訴えています。

東京の「不自由展」は「憲法の保障する表現の自由」を錦の御旗にしたのですが、反対する右翼側は「不自由展」を「日本ヘイト」とし、反対街宣は「言論の自由」であると主張しました。東京展の数週間後、同じ会場で極右団体による「トリカエナハーレ」という歴史修正主義を主張する美術展が開催されました。ホールの所有者である国立市は「憲法と最高裁判決」に従って「不自由展」も極右展も内容について価値判断することなく「公平」に貸し出しました。これに対して「トリカエナハーレ」の作品は性暴力扇動・民族差別の作品で、国立市のヘイト条例に抵触するのではという批判が「不自由展東京」支援者から出されました。

「表現の自由」も「ヘイト反対」もかつてはリベラル側の常套句だったのですが、今や極右側に乗っ取られた感があり、すでにそれ自体では意味をなさないほどそれぞれの陣営に都合よく使われる言葉になってしまっています。ヘイトスピーチ解消法［正式名称は「本邦外出身者に対する不当な差別的言動の解消に向けた取組の推進に関する法律」（平成二八年六月三日法律第六八号）］が制定されましたが、これは外国人、異民族差別に対するヘイトスピーチ（その存在を否定するような文言）を取り締まる法律であり、同性愛者差別、ジェンダー差別、歴史問題否定などには適用されません。

差別表現をも「表現の自由」とするのは必ずしも極右のみではありません。二〇二〇年に「死刑囚表現展」委員会が、二〇一六年に相模原市の障がい者施設やまゆり園で重度障がい者一九名を殺害した植松聖死刑囚の「作品」（障がい者の安楽死を提言する文字作品）を何の説明もつけずに一般に展示したことに対して、障がい者団体からの批判が起こりました。しかし、委員会側は、受刑者の「表現の自由」の権利を理由に抗議を簡単に退けました。実は私は二〇二一年の「死刑囚表現展」評価委員の一人でしたが、前年の植松の作品についての論争は知りませんでした。私はこれは障がい者の存在を脅かす脅迫文であり、「表現」とは言えないと思います。前年委員だったら、私は出展を承諾しなかったでしょう。その後も委員会側へきちんとした議論を呼びかけましたが、オールド左翼、反死刑キリスト教者、人権弁護士からなる委員会は「憲法無罪」を繰り返すだけで議論にはなりませんでした。私は死刑制度に反対であり、死刑囚の表現は意義あることと思いますが、特定の集団を差別し抹殺することを目的とした表現を無条件に公にすることには同意できないので、委員は一年だけで辞任しました。

性差別表現・性的表現とフェミニズム

フェミニストが糾弾してきた性差別的な表現（例：「私作る人」ＣＭ）に対しては、基本的には取り締まる法律はありません。性的な表現に対しては刑法第一七五条「わいせつ物頒布等の罪」がありあます。しかしながら、何を「わいせつ」とするかはその時々の社会通念によって変化するので、この法律の権力による乱用は「表現の自由」を侵すものとしてこれまでも問題になってきました（サド裁判、ろくでなし子裁判など）。そして「性差別的な表現」と「性的（わいせつ）表現」はイコールではありません。しかしながら、最近はその違いが厳密に認識されないまま「性表現の自由」vs「性差別表現の規制」の対立が深まっています。

まず、性差別表現とは何かを定義してみましょう。

▽性的役割分担を固定化する表現（「私作る人」ＣＭに代表される）
▽ステレオタイプを固定化する表現（ナヨナヨしたゲイ男性、機械に弱い女性）
▽異性愛・家族制度を「正常」なものとして強調する表現（大黒柱としての父、従う母と子）

など、生物学的性差を家父長制度を支える構成要素として固定化する表現であり、「女性を性的対象とする表現」全般を指すのではありません（一部「ステレオタイプの固定化」に含まれるものもありますが）。

しかし、「女性を性的対象として表現すること」自体が男性中心主義社会の産物であり、またそれを補強するものであるという考え方は以前からフェミニズムの中にありました。一九七六年にアメリカで始まったドウォーキンとマッキノンによる「反ポルノグラフィー・フェミニスト」運動はポルノを女性に対する暴力・性的搾取と定義し、ポルノ（フィクション）がレイプ（現実の犯罪）に直結するとしてポルノ規制運動を展開しました。八〇年代には宗教的保守と結託してポルノ表現の法的規制にも乗り出しました。しかし、前述の通り何がわいせつかについて絶対的基準はありません。そこに宗教保守（この場合はキリスト教原理主義）のモラルを導入してしまうことは、同性愛者、ＳＭ、売春など「婚姻・生殖」以外のセックスの排除、「異端」とみられる人たちへの迫害をもたらします。八〇年代にはこのような教条的、倫理的な反ポルノフェミニズムに対する批判が巻き起こり、反ポルノ条例案は不成立に終わりました。

ドウォーキンらを批判したのが「セックス・ポジティブ」フェミニストです。もともと女性解放運動、特に日本のリブは、「エロスの解放」を掲げており、女性の身体や生殖、家族を考え直す上で、自分のセックス・身体に向き合い、それを語ることは必須で、それは第一波フェミニストたちから「性について露骨すぎる」とひんしゅくを買うほどでした。セックス・ポジティブ・フェミニストによるドウォーキンらに対する批判は「〈見る男vs見られる女〉という一方的な関係のみを強調する議論は、これとは異なった〈見る—見られる〉という関係のあり方の可能性を初めから封じ込めてしまい、結局は男性を加害者、女性を被害者として二元的に固定化してしまう」というものでした。アメリカのフェミニスト・アーティストが女性のヌード、性器や乳房そのものをモチーフとしているのも、「見られる身体」を「女性による、女性身体への視線」で見直したものでした。しかしながら、アートかポルノかの線引きは非常に困難で、その定義・法的規制を権力に委ねてしまうことによって性的な表現が杓子定規に検閲されたり、業界で働く女性たちの失業やスティグマ化につながったり、より犯罪的なポルノが地下に潜ったりする危険性があります。安易な規制に走るよりも、より多様な性表現を創造して発信すること、それによって男性中心主義のポルノに対抗していく方がずっと建設的で重要だと思います。前述の「ラヴズ・ボディ」展の作品やブブ・ド・ラ・マドレーヌとアキラ・ザ・ハスラー、THE OK GIRLS（ともに京都ベース、ダムタイプと関連したセックス・ポジティブのアート）は九〇年代に新たな性表現を切り開いた先駆者と言えましょう。

しかし、セックス・ポジティブの立場を取ることはイコール「性差別につながる性的表現」を全面的に許容するということではありません。

二〇一五年「碧志摩メグ」問題が起こりました。これは志摩市が市のキャラクターとして未成年女子（キャラクタープロフィールによれば一七歳、「ボーイフレンド募集中」）の胸や太ももなどを極端に誇張した「萌え絵」を設定したことに端を発しました。これに対して第四波フェミニスト・アーティスト・コレクティブを自称する明日少女隊が、特定職業（海女）のしかも未成年女性を性的なイメージとして描いたキャラクターを市が公認し、広報に利用したこと、またそれを公共の場で公開したことは、行政機関として不適切だとして撤回を求める署名キャンペーンを展開しました。結果的にこれは撤回されたのですが、このために明日少女隊は「セクシーアニメキャラに文句をつけるフェミナチ・表現の自由の敵」として一部のマンガ・アニメオタクから執拗な攻撃を受けることになりました。前述の「表現の自由戦士」は議論を単純化し、明日少女隊やフェミニズム全体を「セックス嫌悪のヒステリックな全体主義者」としてカリカチュアライズしてきました。しかし、この問題は表現の「わいせつ」性自体よりも、それに公的な認可が与えられ、公的な場で公開されたこと、それによって「若い女の子を性的対象として消費する」価値観を固定化してしまうことが問題だったのです。これは他の公的な機関による広告に反対するキャンペーンにも言えることです。

その後、公的な機関の「萌え絵」ＣＭに対す

▲「あなたにもできる四十八手　第七ポジション」
ブブ・ド・ラ・マドレーヌ＋アキラ・ザ・ハスラー
©ブブ・ド・ラ・マドレーヌ 1988、撮影：辻芳晴
"A Happy Traditional Love Making 7th position", BuBu de la Madeleine + AKIRA THE HUSTLER
©BuBu de la Madeleine 1988,Photo by Tsuji Yoshiharu

る批判は、私企業のＣＭ批判にも拡大しました。これに対して、それは表現の自由の侵害だという「表現の自由戦士」らによるネット上での反フェミニズムキャンペーンも過熱しました。これに応戦する形で、一部フェミニストの間でも「反性表現」が極論化し、性表現全般、ひいては性風俗労働全般を「女性に対する性暴力」とみなすものも現れました。反ポルノ、反売春の「道徳的」フェミニストは矯風会を日本のフェミニズムのお手本とするなど、七〇年代アメリカでの反ポルノフェミニズムの失敗をなぞっているように見えます。実際にこれらのフェミニストがどのような未来像を持っているのか想像がつきません。ポルノや売春が一掃された社会で、理想とされるものはどのようなイメージなのでしょうか？　清く正しく美しく？

性的表現が必然的に男性中心的な欲望や暴力的な性関係を引き起こすという見方は、性的なものを含む表現の多様な受け取り方を封じ込め、女性のセクシュアリティのあり方を限定してしまいます。性表現は「性差別か否か」「表現の自由か否か」という抽象的で（多くの場合）不毛な二元論ではなく、見ること・見られることに関わる複雑な「性の政治」の問題として考えられるべきです。

自由を騙る暴力

マイノリティが声を上げ始めたり、可視化されたりするようになると、既得権を持っている層からのバッシング、欧米でいわゆる「culture war（文化戦争）」が開始されます。日本でも歴史修正主義者ら右派による「慰安婦」とフェミニズムに対する攻撃は文化戦争と言えるでしょう。そして二〇〇〇年以前には「異端、極論」とされていた彼らの言い分がいつの間にかマスコミに許容され、主流となり、反対に歴史的事実や対抗意見はどんどん無化され、忘れられようとしています。

文化戦争における右翼の戦略は：

－あえて非常に酷いこと、極論を言っておいて（＝炎上を誘引して）、
－その上で「この見解も言論の自由、文句があるなら反論してみろ」と議論を誘発。
－「議論（バトル）をしていること」をエンターテインメントとして消費し／させつつ、
－自分たちの見解の少し薄められたバージョン（「ここまではありかも」）を流通させる。
－結果、「どっちもどっち」としていた傍観者に「極論ではあるが一理あるかも」と正当性を与えてしまう[▼1]。

というものです。「慰安婦」問題の際も、「強制はあったか」「売春婦か否か」という挑発にフェミニストもマスコミもつられてしまい、本質が歪められたまま、極右の言論が流通する結果にな

りました。

文化戦争に対してはいくつかの重要なストラテジーを考慮する必要があります。

まず、相手の極論に乗るべきではありません。相手の土俵に乗って議論をすること自体が、相手の発言に正当性を与えることになります。ある種の討議や対話を拒絶することこそが生き延びる戦略になり得るのです。サラエボ出身の小説家、アレクサンダー・ヘモンは「ファシストから安全な場所にいる人たちは、ファシストと意見交換することから何か得るものがあると考えるかもしれない。しかし、そのような特権階級にとっては単に『意見の相違』にすぎないものが、我々の多くにとっては生存の危機に関わるのだ[2]」と言っています。

次に重要なのは「単純化に走らない」ということです。極右の挑発は拒絶すべきですが、これは他の意見に耳を貸すことや他者との対話が全く必要がないということではありません。むしろ、複数の声を聞き、問題を複雑化していき、多様な議論を進めていくべきです。その場合重要なのは、他者を簡単に「敵・味方」認定しないことです。敵を倒すことのみに集中すると全て単純な二元論に陥ってしまいますし、敵認定した相手には感情的になり、自分たちの立場を無条件で正当化しがちです。しかし、重要なのはまだ敵でも味方でもない人たちに対して、自分たちの言っていることがいかに「私の正義」「一部の利益」の強要ではなく、「多くの人にとって（あなたにとっても！）生きやすい社会」につながることかということを説明し得なくてはいけません。そのためには問題を多方面から見て、その複雑さや矛盾ときちんと向き合うべきです。

そしてもう一つは「オルタナティブを提示し得る」ことです。ある意見、表現に対して批判することは自由ですが、それを否定するなら、代わりにどのような文化表象が可能であるのかを示すべきです。そして、これらのオルタナティブ表現を発信するためのプラットフォームを確保することも必須です。特に日本のネット世界は歴史修正主義、差別主義者に早い時期から乗っ取られた感があります。彼らによる反フェミニズムバッシングが苛烈だったためと、ネットリテラシーのある若手が少なかったため、フェミニストはネット活用に出遅れました。その間、自民党政権はネットメディア局を設立、SNSなどを最大限利用して右派寄りの世論形成に成功しました。二〇二二年には　サイバー攻撃に対処するための組織を警察庁に新設する改正警察法を成立させ、捜査権を持つサイバー特別捜査隊と、サイバー警察局を発足させました。それは「ネット上でのリベンジポルノなどの被害を防ぐ」「性的なコンテンツを規制する」という、一見道徳的フェミニストが喜びそうな女性への性暴力防止を理由にしていますが、実際には警察によるネット上の情報収集をやりやすくするのが目的です。不思議なことにマンガ・アニメの性的描写の自由を守るはずの「表現の自由戦士」たちはこれらの政府の方針には一切反対していません。

情報資本主義論の小倉利丸は、

自民党の根源は異性愛と家父長制の強制にあり、そのためにネットを最大限に活用、コントロールしています［……］それをのさばらしている元凶は野党の文化戦略のなさ[3]［……］であると喝破しています。

ドクメンタ15

複数の声を発し、問題を複雑化し、多様な視点からの議論を可能にし、オルタナティブな表現を提示するというのは、言うのは簡単ですが、現実にはどうしたらいいのでしょう？

表現、特に美術作品の発信、展示としてはやはり展覧会が主になります。しかし、これまで見てきたように、公立美術館での自主検閲はますます厳しくなってきており、歴史、戦争、原発、フェミニズムその他様々なテーマが「タブー」となり、多様な表現が貧しく、困難になっている状況があります。

何が「表現の自由」なのかを考えるには、作品を見て、それを考える場が絶対に必要です。不自由展かんさいでは見る側の権利を守るために作品展示の場を確保するということが最大の焦点になりました。これはこれまで日本の表現の場でないがしろにされすぎてきた問題です。公共の美術館で展示されるものはすでにエキスパート（キュレーター）によって選ばれた正しく、素晴らしいもので、それを一般観客に見せて「啓蒙」するのが美術館という場である、というのが展覧会を作る側の意識でしょう。そこでは「見る側」は常に受け身であり、「見に行く、行かない」以外には展覧会の内容に能動的に関わることはできません。これは逆にみれば「レベルが低い・問題がある」とされるものはあらかじめ排除されているということで、キュレーションは根本的には検閲と近いものがあります。そしてそこに作る側、見る側が介入する余地はありません。あいちトリエンナーレの時も、多くの美術関係者が「キュレーションの不備」を指摘しました。プロのキュレーターがきちんと文脈を作り、予防処置や話し合いを重ねて「ちゃんとした」展覧会にしていたら混乱は防げたというものです。しかしそれでも右翼の攻撃はあったでしょうし、「ちゃんとした」展覧会というのが事前検閲でないとは言えません。

展覧会をエキスパートに任せるのではなく、作家、鑑賞者、企画者それぞれが介入し、建設的でオープンな議論をしながら展覧会を作るなどということは可能なのでしょうか？　ユートピア的と言われるかもしれませんが、二〇二二年のドクメンタ15（ドイツ、カッセル市）は「キュレーターが作ってディレクターが統括する」国際規模の美術展の作り方を根底から覆すものでした。アーティスティック・ディレクター自体がインドネシアのコレクティブ「ルアンルパ」で、彼らが各地（その多くはいわゆるグローバルサウスの国々）のコレクティブを招待し、彼らがまたアーティストを誘い、と、結果的には数百人を超えるアーティスト数となり、全員がヒエラルキーなしでコミューナルな形で展覧会を作る、という壮大な実験でした。結果的にはインドネシアからのコレクティブの作品の一部に反ユダヤ的なイメージがあり、それが問題になって撤去され、また、パレスチナからの作品にクレームがつけられ、とドイツの歴史問題というタブーに触れてしまい、それをめぐって紛糾してしまいました。

西欧中心の国際美術展プロトコールを熟知したディレクターなら、もともとこんな事件になるような「ヘマ」はしなかったでしょう。反ユダヤイメージなどは前もって排除したでしょうし、アーティストやコレクティブの意思を無視しても「安全」な展示を作ったでしょう。しかし、「反ユダヤ的なイメージはいけない」というのは普遍的な価値であるように思われていますが、西欧中心の「常識」であって、インドネシア、パレスチナでは必ずしもそうではありません。これまでは西欧が美術界を支配してきたので、「周辺」は排除されるか「参加を許される」という形でしか介入できませんでした。しかし今回「周辺」が「中心」になったことで、これまで「紳士協定」で議論なくやってきたことが覆され、一つひとつ再検討しなければならなくなったのです。今回の一連の問題はグローバルサウスから、西欧が確立した「美術展」システムに対する壮大なNOだったのではないでしょうか。

日本は西欧から見れば「周辺」ですが、アジアで唯一の植民地帝国主義国家でした。現在でも「名誉白人」的なメンタリティを持っています。それゆえに今回のアジアのコレクティブ中心による脱植民地主義の「冒険」にはついていけていません。いまだに宗主国アメリカとヨーロッパに「認められ」受け入れられることだけを目的にしているようです。自国の植民地・帝国主義の歴史と向き合えないので、その時代やそれに関連する社会問題を次々にタブー化していっています。それがあいちの検閲の根本でもあったと思います。

ドクメンタ15では、ディレクターのルアンルパは反ユダヤ的な表象と作品撤去について謝罪しましたが、そうした状況の中、反ユダヤとされる作品を作ったインドネシアのコレクティブ、タリンパディは独自のネットワークでカッセルのユダヤ人コミュニティと交流する機会を持ち、アンネ・フランク教育センター館長が準備したパネルディスカッションに参加し、反ユダヤ主義と人種主義、脱植民地主義について、ドイツの文脈に加え、オランダを介したインドネシアへの影響について議論した、ということです。ここで重要なのは「オランダを介して」の部分で、単にドイツの文脈（ナチズムへの反省）だけではなく、欧米の植民地主義の歴史も見据えた上で、その複雑な関係性を紐解こうとしていることです。謝罪して撤去して反省しておしまい、ではなく、そこから始まる本当の意味での対話、展覧会が何かすでに決まった一つの価値やメッセージを啓蒙するためのものではなく、今、ここで起きていることを露呈するためのもので、しかもそれが相互的な、参加型の形で行われているということに、ここで新たな「展覧会」の形が生まれつつあるという期待が持てます。

しかしここで、「反ユダヤ主義」が検閲の「指標」となり、他の作家や作品への中傷やハラスメントが横行し始めていることにアーティストたちが危機感を抱いています。ブラジルのユダヤ系アーティストコレクティブは「反ユダヤ主義の道具化について」という声明の中で、「反ユダヤ主義に反対する」という「正義」が実は保守派による脱植民地主義への攻撃の方便として使われているのではないかと警鐘を鳴らしています。

何十年にもわたって反ユダヤ主義を支えてきたのと同じ戦略が、ルアンルパを非難するための公の討論で用いられているのです。開かれた会話に代わって、公開討論は糾弾と噂に見舞われています［……］芸術チームとアーティストは、威嚇、脅迫、検閲などデジタル上と物理的攻撃に晒されています。反ユダヤ的なイメージに対する正当な非難が、展覧会全体の権威を失墜させ、脱植民地主義的なアジェンダを攻撃し、批判的思考に反対するために利用されているのです。▼4

その後ドクメンタ監査委員会が設置した「科学的諮問委員会」がパレスチナ関連の出品作品の検閲に乗り出して、いくつかの作品を撤去するよう提言しています。キュレーターチームはこれを拒否し、アーティストの有志も批判声明を出しています。「ナチズムはいけない」という戦後ドイツの反省・反差別運動のスローガンであったはずのものが、「反ユダヤ＝反イスラエルはいけない」とシフトしていき、それが「反イスラム」「反グローバルサウス（そしてそこから来る移民）」にまで捻じ曲げられてしまっています。欧州全体で「反移民」の極右政党が躍進している現在、これは非常に憂慮すべき問題です。

　これは「表現の自由」という「正義」が極右や「表現の自由戦士」に乗っ取られ、正当な歴史理解やフェミニズム、ジェンダー平等を封殺しようとしているのに似ています。抑圧され、周縁化されてきた側からの異議申し立てを封じるための口実、道具として「反差別」「自由」が裏返しにされて利用されているという複雑怪奇な権力のメカニズムを私たちは冷静に分析し、理解していかないといけません。あいちトリエンナーレとドクメンタ15は表現と政治の問題を根源から問い直すもので、今後の世界の地殻変動を示しています。日本ではいまだに「臭いものには蓋」で困難な問題はスルーして存在しないかのように振る舞っていますが、それではいつまでも何の変化も期待できませんし、世界の趨勢から取り残されてしまうでしょう。

第12回

2019年以降:
Me too 後の
日本のフェミニズム

表現の問題から一旦歴史に戻りましょう。バックラッシュ以後、長く低迷が続いたフェミニズムですが、二〇一九年頃からやっと復活の兆しが見え始めてきました。

日本の Me too

二〇一七年五月二九日、フリージャーナリストの伊藤詩織さんは、実名で元TBS記者の山口敬之からの強姦被害を告発しました。当初、警視庁に強姦罪の刑事告訴をしましたが、東京地検特捜部は山口の不起訴を決定。検察審査会でも不起訴となりました。二〇一七年九月、伊藤さんは山口に対し民事訴訟を起こし、二〇二二年七月八日、最高裁判所判決で伊藤さん勝訴、約三三二万円の賠償が確定しました。二〇一八年には前述の KaoRi さんによるアラーキーのハラスメント告発、著名な左派ジャーナリスト広河隆一のセクハラ告発、その後も映画、美術、アカデミアでのセクハラ、パワハラの告発が相次ぎました。しかしながら、全世界を席巻した Me too 運動は、日本ではなかなか盛り上がりませんでした。一つには伊藤詩織さんの事件が明らかにしたように、日本では強姦罪の刑事事件を立件し、勝訴することが非常に難しいからです。また、訴訟を起こした場合、バッシングを受けるのは多くの場合加害者ではなく被害者であるという理不尽もあります。伊藤さんは「私が経験したとおり、日本で『私も』と声をあげるのはリスキーです。声をあげた後に、その人を支える整備がされていないからです。セクハラで会社を訴えたとしても、その個人はどう守られるのでしょうか？　会社に行けなくなって、生活ができなくなってしまう場合もあります。だから声をあげられないいんです。それは、性的な被害だけではなく、どんなハラスメントにも言えることです[1]」と訴えましたが、度重なる誹謗中傷を受け、日本からイギリスに移住を余儀なくされました。

しかし、二〇一九年になってやっと日本版 Me too 運動とも言える「フラワーデモ」が日本各地で行われるようになりました。これは性被害を訴えた裁判に相次いで無罪判決が出たことを受け、SNSでの呼びかけを機に東京で花を持って集まることから始まりました。このデモは、自らの性被害をシェアすることのできる場所であるとともに、刑法の改正を求めるものです。強姦罪は二〇一七年の改正を受けて強制性交等罪となり、それまでの「親告罪」（被害者が訴えなければならない）ではなくなりました。しかし、暴行脅迫要件（暴行・脅迫があったことを立証できないと、同意がなくても罪に問えない）や、公訴時効（強制性交等罪＝一〇年、強制わいせつ罪＝七年を過ぎると時効により訴えられない）、性交同意年齢（一三歳以上から成人と同じ暴行・脅迫要件が適用される）といった問題は残っています。フラワーデモは現在小規模ながら有志によって全国で行われています。

女性の貧困

Me tooと時を同じくして、ホームレス女性殺人事件がきっかけとなり、日本の女性の貧困問題に対して女性たちが声を上げるようになりました。

日本女性の貧困率の高さ、なかでも独身女性の貧困は深刻です。

男女の給与格差は五〇代後半まで年代が上がるごとに大きくなります。女性の給与は一貫して三〇〇万円前後ですが、四五歳から五九歳までの間は、男性の平均給与が女性の二倍になります。そして女性の給与は歳を重ねても一向に上昇しません。なぜならば、女性は非正規雇用が多く、正規雇用の女性も管理職が少なく、給与の上昇幅が小さいからです。既婚者の場合は共働きでなんとか貧困を回避できるかもしれませんが、離婚や死別によって、シングルマザーとなった場合、一旦結婚・出産を機に非正規雇用となっていた女性が、正社員として雇用されるのは難しく、そうなると即貧困に陥ることになります。二〇一六年調査によると、ひとり親世帯のうち、約八六%が、シングルマザー世帯で、相対的貧困率はなんと五〇・八%です。シングルマザーの八一・八%が何らかの仕事をしていますが、四三・八%が非正規雇用です。[2] また、高齢者（六五歳以上）の貧困率は年々高くなっていますが、特に「女性単身高齢者世帯」の貧困率は深刻です。シングルで非正規雇用だった場合は厚生年金がなく基礎年金だけですが、現在基礎年金は月額六・五万円ほどです。既婚者でも女性の平均寿命の方が長いので、高齢で単身となる確率が高く、夫が厚生年金に加入していなかった場合は同様に基礎年金だけになります。これだけでは最低限の生活もまかなえないので、生活保護に頼るか、非正規で働き続けるしかありません。[3]

非正規での仕事にも就けなくなり、ホームレスになる高齢女性もいます。二〇二〇年にはそのような女性をターゲットにした殺人事件が起きました。

二〇二〇年一一月二三日の『毎日新聞』記事によれば：

　大林三佐子さん（六四）は、東京都渋谷区のバス停にいたところ、頭を殴られて命を落とした。傷害致死容疑で逮捕された吉田和人容疑者（四六）は現場近くに住み、現在、職業不詳という。吉田容疑者は一一月一六日午前四時頃、渋谷区幡ヶ谷のバス停で、大林さんの頭を殴ったとしている。この一撃で外傷性くも膜下出血を起こし、死亡に至った。警察の調べに対し、「痛めつければ出て行ってくれると思った」と犯行を認めた。

大林さんは未婚で、数十年前に上京、アルバイトをしながら劇団などで活動。晩年は派遣社員としてスーパーの試食販売などの仕事をしていましたが、二〇二〇年二月に退職。春頃から深夜から早朝にかけては渋谷区のバス停で寝ていたとされています。二月まで働いていて、春にホームレスになったということは、コロナの大流行で解雇されたのではないでしょうか。六〇代以上の独身女性の二人に一人が貧困（可処分所得が年間一二二万円未満）な上、高齢の単身女性が新たにアパートを借りることは非常に困難です。一度職を失うと、ホームレスになるのはとても簡単なことです。

それならば生活保護に頼ればいいではないかと思うでしょう。しかし問題はそう単純ではありません。ホームレスの中には、行政や民間のシェルターへの入居を拒む人もいますが、それには様々な理由があります。公的なシェルターは、刑務所のような厳しいルールがあるところが多く、民間のシェルターの中には、入居者の貯金や年金をだまし取る「貧困ビジネス」も多く存在します。また、地方行政はまず「自助」を提唱し、生活保護申請を思いとどまらせようとします。申請時に「扶養照会」というものがあるのですが、これは、生活保護を申請しようとする人の三親等内の親族に対して行政が援助は可能かと問い合わせることです。これによって親族に現状を知られるのが嫌で生活保護を申請しない人は非常に多いとされます。大林さんも弟に毎年クリスマスカードを送っていましたが、生活が困窮していることには触れていませんでした。

また、コロナ禍で全世帯に支給された緊急支援金一〇万円も、住所不定の人には届いていません。

大林さんを殺した男は地域の清掃ボランティアをしていました。おりしも二〇二〇年のオリンピック開催を控え、渋谷区は二〇一五年に大手不動産デベロッパーの三井不動産と新たに協定を結び、オリンピックに合わせた大規模な再整備を開始しました。その一環として二〇一七年には宮下公園を完全に壁で囲い、そこで生活していたホームレスを追い出しました。オリンピックはコロナの影響で二〇二一年に延期されましたが、宮下公園は二〇二〇年七月に複合ショッピング施設の屋上公園として再オープンしました。もちろんホームレスの人たちは入場することができません。アーティストのいちむらみさこさんは自身が二〇〇三年より東京都内の公園のテントで生活してホームレス支援の作品制作を行っています。特にこの地域に住むホームレス女性とともに屋外お茶会、物々交換カフェ、アートセッション、ライティングワークショップ、女性向けジンの出版、コミュニティの女性たちと再利用可能な生理用品やその他工芸品製作などの活動をしています。[4] いちむらさんは大林さん殺害を受けて、一二月に彼女の死を悼む集会とデモを組織しました。デモには一七〇人ほどの女性が「彼女は私だ」というプラカードを手に集まりました。主催者の一人、アジア女性資料センターの本山央子代表は、

路上にいる人への排除と暴力が直接的な形で現れた事件でしたが、背景にある社会的暴力についても考える必要があります。コロナ禍の影響は皆に等しいわけではなく、女性や移民など立場の弱い人へと向かいます。しかし政府は自助→共助→公助と言い、弱者は自己責任へと追い込まれ、公助へのアクセスも阻まれています。必要な人に手を差し伸べるだけでなく、社会構造そのものを変えていかなければならないと思います。皆で共に声をあげていきたい。[5]

と話しました。

二〇〇〇年からのバックラッシュ、安倍政権の「女性が輝く」ネオリベ女性活用スキーム、菅政権の「自助」政策の結果、女性は低賃金労働に従事しながら無償の家事労働、育児、介護も担わされ、性暴力に黙って耐え忍ぶことを強いられ、高齢に達すると貧困が待っているのです。

女性アーティストコレクティブ

このような現実に直面して、フラワーデモや「大林さんは私だ」デモのような草の根からのフェミニズム運動が二〇二〇年に入って遂に湧き起こってきたように思えます。Me too と時を同じくして、美術界にもフェミニズム・アートを見直す動きが出てきました。若手女性アーティストの間でも一時期のようなフェミニズムに対するアレルギーを持たず、フェミニストを名乗るアーティストが出てきたのは嬉しい限りです。特徴的なのは個人としてとともにコレクティブとして活動しているアーティストが多いこと、また、活動の領域が日本だけでなく、グローバルであることなどが挙げられるでしょう。その中のいくつかを紹介します。

明日少女隊

これまでこのゼミでも何度も言及してきましたが、新しいフェミニスト・グループとしてまず挙げたいのは明日少女隊です。自称「第四波フェミニスト」[*]である明日少女隊は二〇一五年に結成され、現在は日本、アメリカ、韓国、その他世界中に五〇名のメンバーがいます。ゲリラ・ガールズにインスパイアされた「兎と蚕のハイブリッドの仮面」を被り、歴史上のフェミニストの名前を名乗る彼女たちは、公共の場では一切匿名を通しています。これは「私たちの見た目や性別、肩書き、学歴、出生などではなく、私たちの提起する社会問題そのものに焦点を当ててもらいたい」という願いを反映したものです。また、前述の志摩市「萌えキャラ」批判以後、粘着してくるネトウヨやオタクストーカーから隊員の身を守る手段でもあります。

これまでの活動はハラスメント防止キャンペーン、性暴力関連法改正、「フェミニスト」の定義を書き換えさせる「広辞苑プロジェクト」などフェミニストのイシューを扱った社会参加型のアートイベントを行っています。また、「慰安婦」問題についてのパフォーマンスを嶋田美子とのコラボレーションでロサンゼルス、ソウルで行いました。▼6

＊日本では「第三波フェミニズム」が存在したのかもあやふやなのですが、明日少女隊は九〇年代欧米での「第三波フェミニズム」（ガールパワー！）を踏襲しつつ、ネットを活用した新たなコミュニティを創造しようとしており、それをもって「第四波」としています。

バック・アンド・フォース・コレクティブ

バック・アンド・フォース・コレクティブは、リサーチベースかつソーシャル・エンゲージド・アートの実践のためのプラットフォームとなるべく、二〇一三年に結成されました。彼女らの関心は、ジェンダー問題、特に母性、労働、移動などで、これらについてリサーチを行って作品化しています。メンバーの本間メイ、坂本夏海、滝朝子は美術大学を卒業後、日本の美術界の根強いジェンダー差別に直面し、イギリスに留学したという共通の経験を持っています。現在ではそれぞれインドネシア、スコットランド、東京で活動しています。特に滝は東京下町のアフリカ系移民のコミュニティで活動するなど、日本の移民政策のあり方について、単にアート・プロジェクトにとどまらない支援活動を続けています。[7]

ひととひと

「ひととひと」は、アーティスト・工藤春香、神谷絢栄、Jin Yeowool、リサーチャー・高橋ひかりからなるコレクティブです。性犯罪の背景にある社会構造や美術史、美術業界における国内外のジェンダー・ギャップなどについて勉強・研究・対話を行っています。多くの人たちとこの問題について共有し、考え、想像し、思い描いていくことのできる新しい未来を願っています。性差別、フェミニズムについての講演会やワークショップを開催し、最近では美術界やアカデミズムにおけるセクシュアル・ハラスメントの調査をしています。

特に工藤は相模原障がい者虐殺事件に強い関心を持ち、その歴史や経緯を研究して作品化しています。▼8

在日韓国・朝鮮人女性アーティスト──李晶玉、鄭梨愛、ユミソン、琴仙姫、呉夏枝

これはコレクティブではありませんが、近年在日三世、四世世代のアーティストの活躍が顕著で、その中心は女性アーティストです。二〇〇〇年代以前は朝鮮大学校美術科が学外で展示をすることすら困難でした。また、一般の美大でも、在日の学生が民族アイデンティティをテーマにすることを教授が評価拒否したという事例もありました。二〇〇〇年以後のバックラッシュでは「嫌韓」在日ヘイトが勢いを増したことを考えると、現在の在日アーティストの躍進は決して日本社会が在日を「許容」するようになったからではなく、一層厳しくなる環境の中での在日当事者による粘り強い権利運動の賜物だと思います。二〇一五年の武蔵野美術大学と朝鮮大学校学生による「突然、目の前がひらけて」（李、鄭が企画・参加▼9）は、隣接しているのにほとんど交流がなかった両校の壁を越える階段を作るという画期的なアート・プロジェクトで、美術界からも注目を集めました。

それ以前より、数少ない在日アーティストとして活躍していた呉夏枝（現在オーストラリア在住）、琴仙姫（一時韓国に在住、二〇二三年現在、日本在住）は二〇〇〇年代に海外にベースを移しましたが、彼女たちより一世代下の在日アーティストは日本で活動する足場を作っています。その全員が女

性ではありませんが、自分や家族の体験を歴史の中で見直す作品を作っているアーティストに女性が目立ちます。ここにも「個人的なことは社会的なこと」というフェミニズムのテーゼが通底しているのでしょう。

二〇二一年には『美術手帖』が六月号で「女性たちの美術史」を特集、森美術館「アナザーエナジー展」は、一四カ国から制作活動を続ける七〇代以上の女性アーティストの作品を展示、金沢21世紀美術館では「フェミニズムズ」展と「ぎこちない会話への対応策——第三波フェミニズムの視点で」展が同時開催されました。それぞれに問題はあるものの、これだけ「女性・フェミニズム」を冠した展覧会が開かれたのは九〇年代以来です。これらが一過性のトレンドに終わらず、恒久的に日本の美術界の枠組みを変革するきっかけになることを祈ります。

「極端」フェミニズム

しかしながらここに来て重大な問題がいくつか連動して起こっています。トランスジェンダー排除、セックスワーク批判とそれに関連したフェミニズムの極化です。

主に男性から女性へのトランス・ジェンダーをターゲットとするトランスフォビアは全世界に広がっていますが、日本でも二〇一九年頃から顕著になってきました。きっかけはお茶の水女子大学のトランス女性受け入れです。ネットで見られるような典型的なトランス女性への差別や偏見に基づく発言は「トランス女性が自分は女性であるという自認だけで女性の専用スペースに侵入しようとする」「それは性暴力だ」というものです。「女子トイレ・浴場に女性を名乗る男性が侵入してもいいことになる」という主張は荒唐無稽であり（これがいかに荒唐無稽であるかは三橋記事を参照）[10]、トランス女性というカテゴリー全体を犯罪者予備軍とみなすことで、これは明らかな差別です。「女性」というカテゴリーでステレオタイプな性的役割を押しつけられることへの抵抗として生まれたはずのフェミニズムが、このような差別に（たとえ一部であるとしても）加担していることは看過できません。

トランスヘイトの中傷を拡散しているのはＴＥＲＦ（トランス排除ラディカル・フェミニスト）とされる人々で、それらは主にＳＮＳを中心としたネット上で行われています。ＳＮＳの性格上、発言者は匿名であり、発言内容の信憑性も検証のしようがありません。そしてこれらの言辞をあたかも事実であるかのように公の場で繰り返しているのが自民党タカ派の山谷えり子議員や杉田水脈議員です。山谷えり子はバックラッシュ時、「ジェンダーバッシング」の急先鋒で、ジェンダー教育が「男女の差異を無化し、伝統的価値を破壊する」と主張しました。それはＴＥＲＦがトランスを受け入れること自体が女性差別に加担するのだから、生物学的「性別」を絶対に変えるべきでないと主張する点で一致しています。また、杉田は「ＬＧＢＴは生産性がない」と発言し、生殖能力がないものに税金を使うなという極論を展開し、トランスは「病理」だと主張しています。彼女らの背景には家父長制的家族制度を信奉する日本会議があることは言うまでもありません。山谷えり子のトランスヘイトにも見られるように、ＴＥＲＦの運動はシスジェンダーの性別二元主義を固定化することによって、結局現在の家父長制システムを補強するものです。しかも、それを誰にも否定しにくい「女性差別反対」を看板にすることによって、保守的な性的道徳観をあらゆる女性たちに押しつけようとしてしています。

ＴＥＲＦの「(生物学的)男＝加害者、(生物学的)女＝被害者」という単純な議論やトランスヘイトの極論はほとんどのフェミニストには受け入れられないでしょう。しかし、そこまで極端な「男性嫌悪」ではないながら、フェミニストの中には性暴力の加害・被害の単純化や、性暴力そのものを拡大解釈していって、性的表現、性産業までを「女性に対する暴力」とし、批判する傾向が見られます。そこでも、性的サービスを消費するのは男、提供する(消費される)のは女と決めつけ、「だからこれは性差別」とする男女の位置の固定化が行われています。性産業の現場で女性が無理矢理に働かされたり、搾取されたりするのは許されません。しかし、これは現存する法律で犯罪として対処することが可能です。また、根本的な問題解決には女性の貧困の解消と自立支援によって性産業に就きたくない人は就かなくて済む社会を実現すべきです。一足飛びに性産業全体を否定するのは現場の実情とはあまりにかけ離れています。その根底には、搾取されている当事者女性を救済するより、「モラル的に性産業は許せない、廃絶すべき」という結論ありきなのではないでしょうか。

この「道徳的（極端）フェミニズム」が歴史上のロールモデルとしているのが矯風会です。第一回で論じた通り、これはもともと上・中流階級婦人たちによるキリスト教的純潔主義を基にした社会運動であり、歴史学者井出文子は矯風会について「売春の基本的な問題、家族制度や婦人労働問題へ切り込むことはなかった。売春問題を自身の痛みとしてというより、救済者の立場から近づいており、また戦争についての批判もなかった」と評しています。[11] 現在アメリカでのキリスト教右派によるポルノ禁止運動や中絶禁止法案を見るまでもなく、宗教的倫理観とフェミニズムは根本的に相いれません。矯風会はこれまでもフェミニズムの歴史にはカウントされてきませんでしたし、今後もこのような宗教団体を模範とすべきではありません。

矯風会以外でも日本の女性運動、フェミニズム運動の中で性産業は論争の的になり、七〇年以降は松井やよりらが「女性の性の商品化」を批判し、特に日本人男性の買春ツアーを「性的侵略」として糾弾しました。九〇年代には「ジャパゆきさん」（東南アジアから「連れてこられた」女性たちが売春を余儀なくされ、搾取されている、という問題）が注目され、日本のフェミニストが海外の女性団体と協力して売買春反対のキャンペーンを張っていました。私はその頃（一九九七年）展覧会のために初めてフィリピンに行き、マニラに滞在しました。あるギャラリーからの帰り道、数人の若い女性と一緒になりました。彼女たちの一人が「日本にエンターテイナービザで行ってダンサーでお金を稼ぎたい」と言うので、聞きかじった「ジャパゆき物語」を話し、ヤクザがらみでひどい目にあうかもしれないと警告すると、その女性はきっとなって「日本でいい暮らしをしてマニラに遊びに来られる余裕のあるあなたが、なぜそんなことを言えるのか。私たちはバカではないから、そういう危険があるのは知っている。それでもマニラで大学を卒業して英語も話せるのにろくな仕事もなく家族を養えない現実がある。日本が危険だというなら、日本人であるあなたがそれをなんとかしろ。ヤクザが悪いことをするなら取り締まれ。私たちが安心してまともに仕事ができるように社会を変えろ」と言われました。返す言葉もありませんでした。その夜のことはいまでもはっきり覚えています。

色々な立場にある人たちの当事者としての現状や意志も確かめずに「悲惨」と勝手に定義し、そのような境涯にいる人を上から「救済してあげる」のがフェミニストの使命ではないでしょう。フェミニズムの定義は色々あると思いますが、「あらゆる人がそれぞれ等しく幸せを追求できるようにシステムを変えていく」のがフェミニズムの基本だと思います。

もちろん、実際には女性に対する悪意に満ちた暴力的言辞、実際の暴力は社会に蔓延しており、それはなかなか変わりません。それに対して「今のようにやっているのでは何も達成できない」という焦りもあるでしょう。しかし日常や将来への不安を解消するためにわかりやすい「敵」を仕立て、問題を単純化し、怒りと恐怖を煽り、極論に走り、罵り合いに参加することで一時的な達成感を得ても、それは極右と変わらぬヘイト扇動であり、結局はフェミニズムを分裂させるのみならず、これまでの女性運動の実践や性とジェンダーについて培ってきた理論を無化してしまうことにつながります。

ゼミの最後をこのようなネガティブな懸念で終わるのは心苦しいのですが、近年フェミニズムの再興が起こりつつあるからこそ、今までのフェミニズムの歴史を振り返り、過去の思索と実践を理解するとともに、そこに何が足りなかったのかを分析し、これからの道を考える糧にしていただきたいと思います。

まとめ

今後日本の
フェミニズムと
アートはどこへ?

ではこれまでの流れを、図にまとめてみましょう。

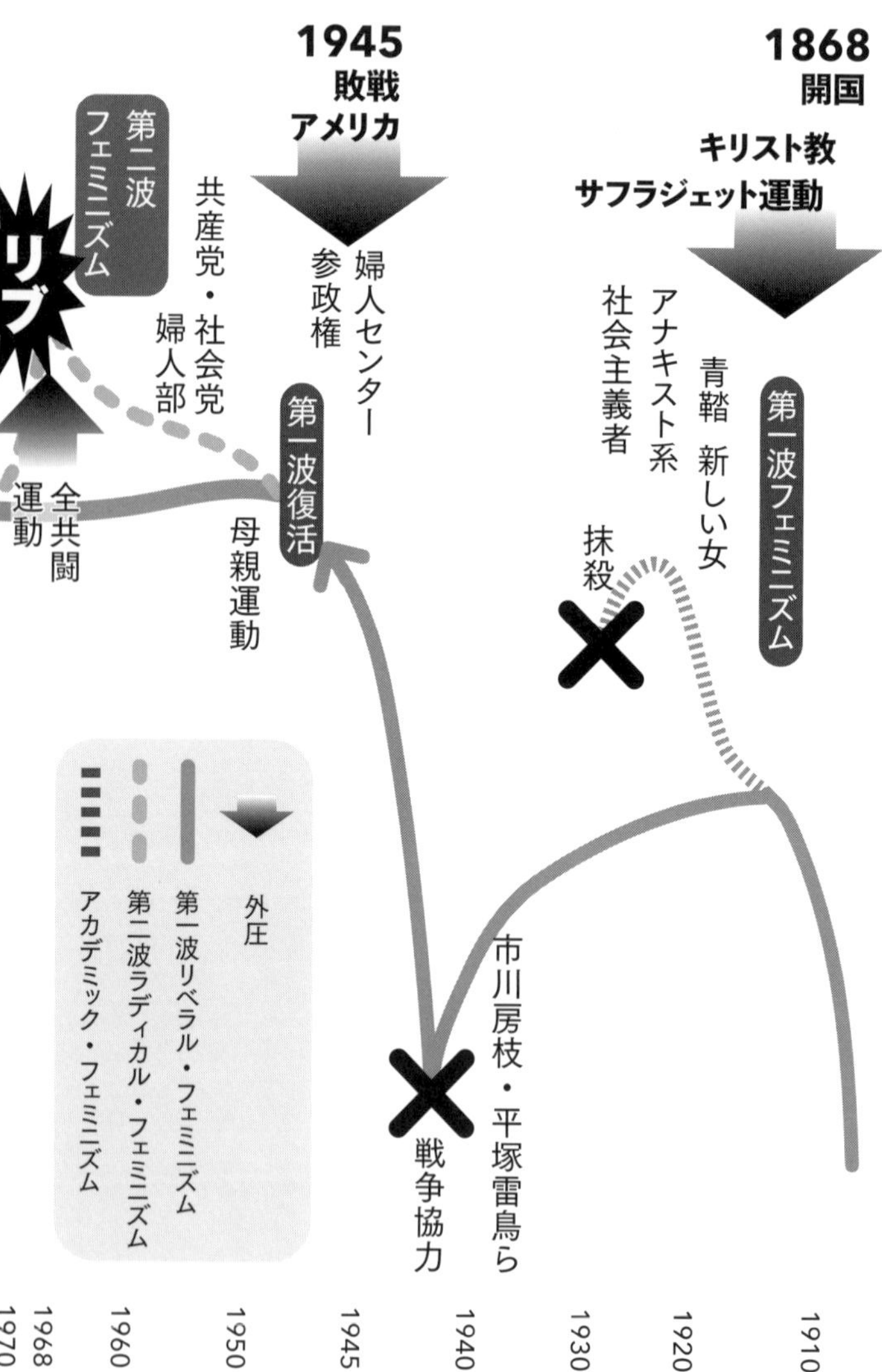

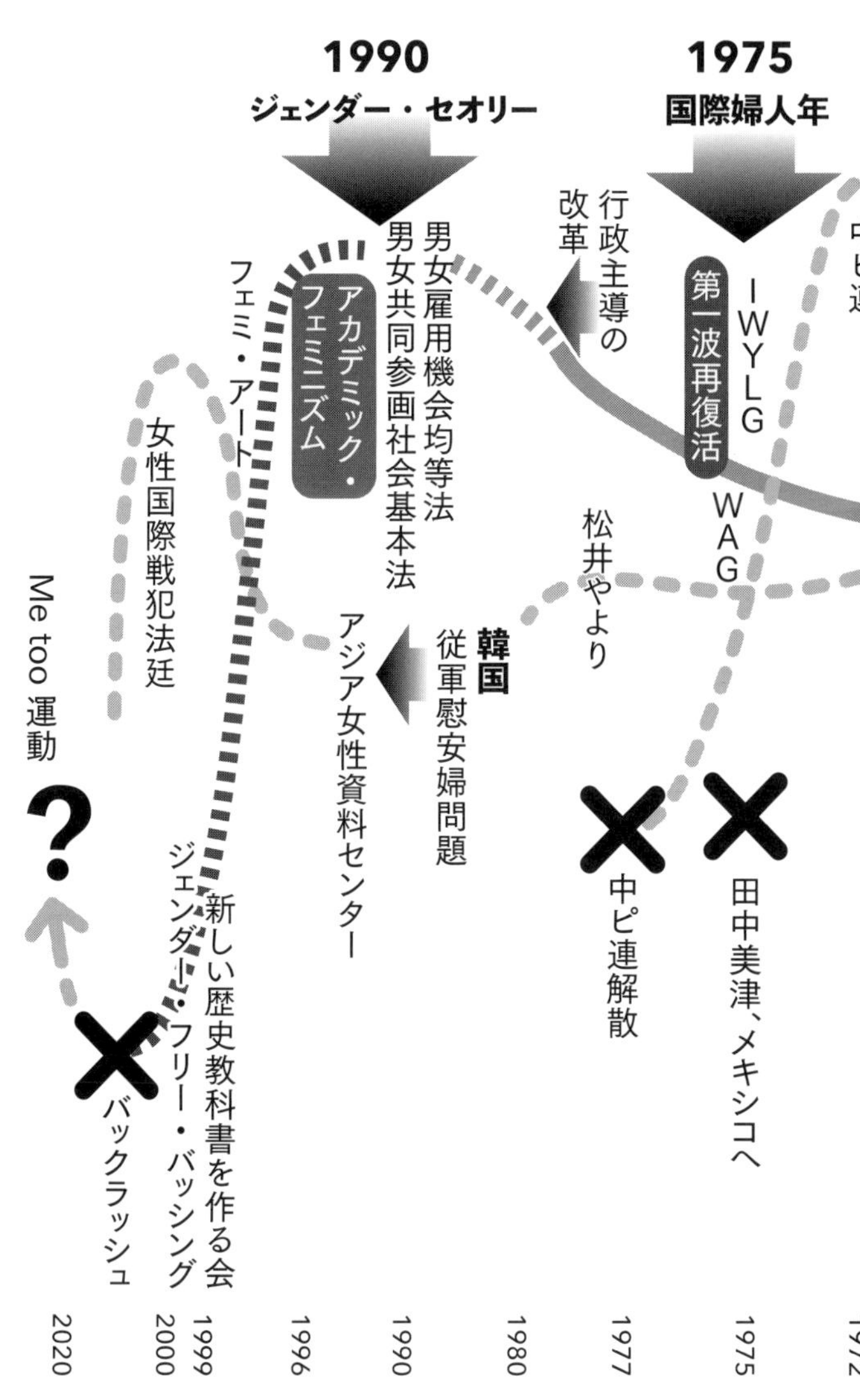
1990
ジェンダー・セオリー
1975
国際婦人年
中ピ連
行政主導の改革
第一波再復活
IWYLG
WAG
男女雇用機会均等法
男女共同参画社会基本法
アカデミック・フェミニズム
フェミ・アート
女性国際戦犯法廷
Me too 運動
松井やより
韓国
従軍慰安婦問題
アジア女性資料センター
中ピ連解散
田中美津、メキシコへ
新しい歴史教科書を作る会
ジェンダー・フリー・バッシング
バックラッシュ
?
2020
2000
1999
1996
1990
1980
1977
1975
1972

このように日本のフェミニズムは決して順調に一方方向に発展したわけではなく、アップダウン、揺り戻し、断絶の歴史です。この図にも見られる通り、そこには一定のパターンがあります。それは、

外圧——まず外からの影響、圧力によって日本の女性運動が刺激される

⬇

興隆——権利運動、解放運動などが起きる

⬇

弾圧——運動のラディカルな部分が権力によって挫かれる、または共感を得られずに瓦解する

⬇

翼賛——保守的な部分が権力と「協働」し、結局は利用される

これが繰り返されるのは、結局は権力に対峙し、それを自らの手に握る、ということが一度も経験されていないからで、これは日本の民主主義の歴史と似たところがあります。

これまで家父長制、日本的「家制度」を根本から覆すような社会変革を伴う女性運動はことごとく排除されてきました。戦前のアナキズム運動然り、戦後の全共闘運動から派生したリブ、再生産の権利を女性の手に握ろうとした中ピ連、ジェンダー教育、「慰安婦」問題……国家体制に

寄り添わない女性運動は注意深く排除されました。その代わり体制内の「改良」を目的とするリベラル（のちにネオリベラル）・フェミニズムは戦後社会で一定の位置を占め、一応の成果をあげてきました。しかしそれもかなり低い程度のガラスの天井までです。既存の体制に女性問題を「理解してもらう」ことに終始した結果が、ここ二〇年以上のジェンダー平等の停滞ではないでしょうか。「わかってもらおうと思うは乞食の心」と看破したのはリブの田中美津ですが、私たちはそこからなかなか抜け出せないでいます。

ではなぜ根本的な社会変革ができないのでしょう？　様々な要因はあると思いますが、本当に根元的なことを言うと、近代化以後の日本の帝国主義、植民地主義、軍国主義に対する反省と検証が女性運動に欠けているからだと思います。こう言うと、「いいえ、戦後の平和運動を担ってきたのは女性です！」と言われるでしょう、しかし、それを指導したのは帝国主義に翼賛した平塚雷鳥らです。彼女たちは自らの責任を厳しく問うことなく、「女性と子供は戦争の犠牲者」を標榜し、女性を国家の暴力や権力とは切り離されたもの、むしろ常に被害者として位置付けてきました。これはある程度は事実でしょう、しかしながらこの権力との乖離は、女性が責任ある個人として社会に参加し、権力そのものとなることを自ら回避する傾向を生み出しました。六〇年代になっても女性の政治参加は「主婦として、母として」なされることが多く、シーダーのいわゆる「ナイーブ（素人の、優しい）・ポリティックス」として男性中心の「リアル・ポリティックス」を補完する役割を長いこと果たしてきました。家父長制への抵抗として生まれたリブでさえ、男性社会のリアルから自らを分離し、再生産の権利を主張するよりも母性主義に逃避したところが見えます。そこが男性中心の運動と渡り合いながらも民衆運動の一端を担い、権力奪還を成し遂げた韓国や南米のフェミニズムとの大きな違いでしょう。そしてこの「権力」と「被害者」の分離は日本の女性の立場を固定化してきました。これによって私たちは戦後責任を我が事として引き受け、主体的な運動を創造していくことから逃れてきたのです。家父長制を絶対悪視しながらも、その「加害性」によってのみしか存在し得ない「被害者」の立場にすがっている、と言ったら言い過ぎでしょうか。それは「慰安婦」問題でも元「慰安婦」の証言を表に出し、韓国女性団体の「サポート」に回り、日本の「慰安婦」について主体的な運動と議論を深化できなかったことにも明白です。

今日それは「シス女性に対する性暴力」を抑圧のヒエラルキーの最上位に置くフェミニズム運動にも表れています。フェミニズムは本来家父長制的ヒエラルキーのない平等な社会を目指していたはずで、それは単に生物学的「女性」に対する差別や暴力をなくすだけの運動ではなかったはずです。もしフェミニズムが「女性」のみを暴力から守るための運動だとしたら、そのような女性の安全言説は生物学的本質主義に基づく女性の囲い込みになり、そうでないものを排除することにつながります。そして結果的には女性を「保護」してくれる権力や道徳、宗教への依存をもたらすでしょう。

私が「植民地主義に向き合う」と言うのは単に戦前の日本帝国の植民地支配のことだけではあ

りません。第二次世界大戦敗北後も、依然として国家権力の「最後の植民地」としてあるのが日本の女性です。日本の女たちが「帝国主義者でありながら帝国内の被植民者」としての矛盾を解きほぐさない限り、日本のフェミニズムは前進できないのではないでしょうか。

性の自己決定権――お前が決めるな！

ではこれから具体的にどうしたらフェミニズムによる社会変革が可能なのか、という問いかけに対しては様々な答えがあるでしょう。平等な賃金、性犯罪撲滅、家父長制廃止、などなど……しかし、これまでの日本のフェミニズムの歴史を顧みると、最も重要な課題は「性の自己決定権」ではないかと思います。

明治・大正のラディカルなフェミニストやリブ、中ピ連など、これまで抹殺されたフェミニズム運動に共通するのは「私の性と身体については私が決定する、他人や国家（世間）が決めることではない」という態度でした。性関係や生殖についての自己決定権は基本的人権の最も重要なものの一つですが、国家、軍隊、保守派は常にそれをコントロール下に置こうとしてきました。フェミニズムの歴史は性的自己決定権をめぐる国家との闘争であったと言ってもいいでしょう。もちろんそれはいまだに続いていて、アメリカでの中絶禁止、日本での「少子化問題」政策などは国家による女性の身体への介入を示しています。性の自己決定権は直接「家族」「家制度」に関係します。「家」は国家の最小単位であり、現在の日本のそれは異性愛主義、男女二元論、家父長制イデオロギー、そしてそれを体現する「天皇制」で成り立っています。これを決定する権利を個人に委ねることは、家＝天皇制＝国体を揺るがすことになります。それだからこそ、右派政治家は性教育、同性婚、夫婦別姓に強硬に反対し、性産業や避妊・中絶をコントロールしようとするのです。

「性の自己決定権」は性についてより深く、広く考え、議論をすることから始まります。「個人的なことは政治的なこと」をもう一度検討し直し、個人の決定権を国家や道徳に委ねてしまわないよう注意すべきです。

私が中ピ連を高く評価するのは、彼女たちの怒りと闘いのベクトルがきちんと権力側に向かっているからです。そして具体的な目的（ピル解禁、慰謝料獲得など）を掲げ、効果的な広報活動を行い、それなりの成果をあげました。日本女性党を設立しての選挙活動もそうですが、中ピ連は「生殖自己決定権」「政治権力」を自らの手で奪取しようとしていました。彼女たちがいかに揶揄されようとも「決めるのはお前（権力側）ではない！」と言い切った態度と行動は賞賛されるべきです。

なぜ「表現」が大切なのか？

多くの活動家には意外かもしれませんが、社会変革のためのストラテジーで最も有効なものは「文化表現」であると思います。これは私がアーティストだからという我田引水だけではありません。この本の後半部分の多くを「表現」に費やしたのも、変革のためにはそれを具現化するイメージが必要だからです。古色蒼然とした貧しいイメージしかないところに人々は集まりません。運動が文化を定義するのではなく、文化が運動を導くのです。そして、それを誰が、どのように、誰に向かって、どこで「表現」するかは近年ますます複雑になり、「表現」をめぐるポリティックスを理解することが重要になってきています。

しかし、これまでのフェミニズム歴史研究で、文化面はさほど重要視されてきたとは言えません。九〇年代に比較文化研究のフィールドで様々な研究がなされましたが、その研究対象の多くは欧米のもので、過去に遡っての日本のフェミニズム文化表象は、作品があまり残っていないこともあり、十分研究されてきませんでした。また、フェミニズム運動自体が、芸術の重要性を理解してこなかった面もあります。このゼミでは触れませんでしたが、戦後、一九五〇年代の左翼運動、平和運動を牽引したのはいわさきちひろ、丸木夫妻（赤松俊子）ら日本共産党系の「日本美術会」関連の女性作家でした。「原爆の図」は高い評価も得ていますが、一部には非常に教条的で政治課題に即した典型的「社会主義リアリズム」の影響も見られます。この「芸術は運動方針に従属するものである」という意識は第一波(リベラル)フェミニズムにも見られ、彼女たちの「文化表象」はいまだに自分たちの「正しさ」を「清く、美しい」ものとしてわかりやすく「花、白い鳩、母子像、少女」など典型的(紋切型)イメージで表す五〇年代のスタイルを踏襲しているように見えます。この「わかりやすさ」を通して運動の普及、大衆化を図るというのが共産党の方針だったのですが、結果的には芸術と運動の硬直化、劣化につながりました。これは「慰安婦」問題の「少女像」にも言えることで、運動を生き生きとしたものにするためには、問題を「少女像」のような「わかりやすい」単一イメージに閉じ込めず、多様な側面・声に光を当てた表象を生み出すことが必要です。

表現は常に美しく、快いものではありません。山形国際ドキュメンタリー映画際の畑あゆみは「良質の映画・映像とは、ありふれたメッセージや単純でわかりやすい感動を与えてくれる伝達メディアではないし、『映画は世界の窓』といったよく使われる収まりのよい言葉でもいい表すことはできない。他の芸術領域の作品同様、この世界の『分からなさ』をその複雑な姿のまま示し、あらゆる場所に(また自分自身の中にも)存在する、普段は見えない世界、壁、ノイズを経験させてくれるものであり、それゆえときに居心地が悪くなるような刺激物となるだろう。そしてその居心地の悪さがどこから来ているかを、作品を見ながら知らず知らずのうちに考え始めるかもしれない▼1」と言っています。

新しい運動（表現）は新しい表現（運動）をもたらします。いまだ見えない新たな可能性を何らかの形にするのが芸術です。これは単に新奇な表現方法を取ればいいということではありませんが、これまで「芸術」として許容されている表現方法の外にもその可能性を見出そうとすべきです。現在「表現」とされているものを疑ってみる、単純化された、わかりやすい「美しさ」や「いい話」に着地することを拒む、それが回り道に見えるとしても、複雑化、複眼化することが敵（国家主義、差別主義、修正主義、ネオリベ資本主義）による文化戦争に対抗する唯一の有効な方法です。敵の戦略・扇動に乗らないためには彼らの方法論とは全く違う表現方法をとらなくてはなりません。それは一見わかりにくく、大衆にアピールすることが難しく思えるかもしれません。しかしながら、これまでにも文化革命はしばしばごく少数のアーティストによって始められています。

もちろんそれが「芸術のための芸術」になったり、現代美術村や市場の中だけでの評価に終わったりしては何にもなりません。また、「芸術」の名を借りた社会的弱者の搾取や異なる文化への不当な介入になる危険性もあります。「芸術表現」が誰かを傷つけるかもしれないし、誰かから「傷ついた」と糾弾されるかもしれません。しかし、それを恐れるあまり「安心・安全」な表現しか許されないとしたら、芸術は死にます。異議申し立てを認めた上で、建設的な議論を分かち合い、学び合う場を作るべきで、検閲、排除以前にそのプロセスが重要です。

過去の歴史の主流に「消されたもの」から学ぶこと、矛盾や複雑さを恐れないこと、一枚岩になろうとしないこと、排除しないこと。
そして新たな表現に向かっていってください。

引用一覧

第1回

▼1 斉藤勝久「占領期最大の恐怖『公職追放』:『権利も罰も男女平等』の論理で市川房枝をパージしたGHQ(8)」ニッポンドットコム(ウェブサイト)https://www.nippon.com/ja/japan-topics/c08508/?cx_recs_click=trueb

第2回

▼1 長崎浩「なぜ今、全共闘か」『情況』八・九月号、情況出版、二〇〇九年、三三頁

▼2 Szendi Schieder, Chelsea, Chap 1. Naive Politics: A Maiden Sacrifice for Postwar Democracy, Coed Revolution Duke University Press, 2021

▼3 柏崎千枝子『太陽と嵐と自由と――ゲバルト・ローザ闘争の手記』ノーベル書房、一九六九年、九二-九三頁

▼4 西日本新聞「男社会 あらがい続け バリケードの内外、女性たちの思い ワタシペディア「私」辞典~全共闘ダイアリー(4)」https://www.nishinippon.co.jp/item/n/516711/

▼5 柏崎、同前、二六九頁

▼6 小田実「教育ママを弁護する」『婦人公論』一九六九年四月号

▼7 柏崎、同前、三三一－三三四頁

第3回

▼1 田中美津「エロス解放宣言」『女・エロス』2号、社会評論社、一九七四年、一七七頁

▼2 ヨシダ・ヨシエ「ポルノがポルノでなくなる時」『黒の手帖』第1巻2号、檸檬社、一九七一年六月、九四頁

▼3 杉浦郁子「日本におけるレズビアン・フェミニズムの活動――1970年代後半の黎明期における」『ジェンダー研究』11号、東海ジェンダー研究所、二〇〇八年、一四三－一七〇頁

▼4 田中美津『何処にいようと、りブりアン』社会評論社、一九八三年

▼5 Huffpost「緊急避妊薬、国内では認可も遅くて入手のハードルが高いのはなぜ？ 日本家族計画協会に聞いてみた」https://www.huffingtonpost.jp/entry/story_jp_5c950101e4b0a6329e15de1c?ncid=fcbklnkjphpmg00000001&fbclid=IwAR0OUvMiloxeGTCcmJxeLEbSmD-fU85GNp4hhhJ0hnlFgwM3bYSisTX_kR4（二〇一九年四月二日閲覧）

第4回

▼1 中嶋夏によるゼミ講義、二〇二一年東京大学駒場キャンパス

▼2 中嶋夏、同前

▼3 浜野佐知インタビュー「さくや姫プロジェクト」http://sakuyahime.jp/?post_type=sakuyahime&p=184

▼4 中村宏著、嶋田美子編『応答せよ！ 絵画者 中村宏インタビュー』二〇一一年、白順社

第5回

▼1 牟田和恵「フェミニズムの歴史からみる社会運動の可能性——『男女共同参画』をめぐる状況を通しての一考察」『社会学評論』57巻2号、二〇〇六年、二九二−三一〇頁 https://www.jstage.jst.go.jp/article/jsr1950/57/2/57_2_311/_pdf

▼2 上野千鶴子「『【上野千鶴子のジェンダーレス連載vol.7】「1985年に成立した男女雇用機会均等法から女性の分断が始まりました」』」STORYウェブ版 https://storyweb.jp/lifestyle/205722/

▼3 https://news.yahoo.co.jp/articles/7b7887159fa6ffc2429dea58f02e984dd2b8db65

▼4 竹信三恵子「『参画』が『調達』にすりかわった5年」『女たちの21世紀』40号、アジア女性資料センター、二〇〇四年、9−11頁

▼5 見田宗介『社会学入門』岩波新書、二〇〇六年、八六−九六頁

第6回

▼1 山口智美「『ジェンダー・フリー』論争とフェミニズム運動の失われた10年」（ブログ）https://backlash.hatenadiary.org/entry/20060529/p1

▼2 大橋稔「女性学の視座について——女性学が拓いた地平と今後の課題」https://libir.josai.ac.jp/il/user_contents/02/G0000284repository/pdf/JOS-18801919-0905.

pdf

▼3 イメージ&ジェンダー研究会「ジェンダー論争等、資料」アーカイブ https://imgandgen.org/gender-controversy-material/

▼4 福住廉、「ジェンダー論争」Artscape（アートスケープ）"Artword"（アートワード）https://artscape.jp/artword/index.php/ジェンダー論争

▼5 Amelia Ames "Can the Whitney Biennial Ever Live Up to Its Controversial, Politically-Charged 1993 Exhibition?", Artspace (website), March 13, 2017, https://www.artspace.com/magazine/interviews_features/in_focus/the-whitney-biennial-1993-the-role-of-institutions-in-a-turbulent-society-54620

▼6 池上千寿子「平成6（1994）年の黒船」NPO法人ぷれいす東京、二〇一二年一一月一九日掲載、https://ptokyo.org/column/post/14223

▼7 イトー・ターリ「パフォーマンス『自画像1996』の周辺」『シアターアーツ7』一九九七年一月、晩成書房、一二八－一二九頁

第7回

▼1 fight for justice サイトに準拠：http://fightforjustice.info/?page_id=2760&lang=en

▼2 松井やより『挺身隊問題アジア連帯会議報告集』従軍慰安婦問題行動ネットワーク、一九九二年、八〇頁

▼3 浴田由紀子　筆者によるインタビュー

▼4 Esther Bristo Ruiz "Before #MetToo, There were the 'Comfort Women'" *The Diplomat*, January 10, 2020, https://thediplomat.com/2020/01/before-metoo-there-were-the-comfort-women/［エスター・ブリット・ルイズ、ザ・ディプロマット、

二〇二〇年一月一〇日号

▼5 上野千鶴子『ナショナリズムとジェンダー』青土社、一九九八年、一九四頁

▼6 金富子「世界女性会議報告 2『慰安婦』問題を中心に」『第三世界の働く女性』アジア経済研究所編、明石書店一九九六年、二五九頁

▼7 玉城福子『沖縄とセクシュアリティの社会学』人文書院、二〇二二年、九二頁

▼8 藤目ゆき『裁かれた戦時性暴力――「日本軍性奴隷制を裁く女性国際戦犯法廷」とは何であったのか』ＶＡＷＷ－ＮＥＴジャパン編、白澤社、二〇〇一年、

▼9 城田すず子『マリヤの賛歌』日本基督教団出版局、一九七一年

▼10 天羽道子 Memoir of comfort woman tells of 'hell for women" (AP) Updated: 2007-07-06 10:52 https://www.chinadaily.com.cn/world/2007-07/06/content_911759.htm

第8回

▼1 Koike Reiko, Critical New Stage in Japan's Textbook Controversy, *Asia-Pacific Journal* March 30, 2014 https://apjjf.org/2014/12/13/Koide-Reiko/4101/article.html［小出玲子「日本の教科書問題の新たなステージ」アジア・パシフィック・ジャーナル、二〇一四年三月三〇日］

▼2 小川たまか「政治家のジェンダー意識改革を止めた？ 2000年代の「バックラッシュ」とは」ダイヤモンド・オンライン、二〇二一年三月五日 https://diamond.jp/articles/-/264604?page=2

▼3 笠原美智子 筆者によるインタビュー

第9回

▼1 https://www.theage.com.au/world/revealed-the-workings-of-a-uni-rape-club-20030705-gdvzq0.html

▼2 https://english.kyodonews.net/news/2019/04/677717754ff7-focus-alarm-bells-sound-over-outings-in-japans-lgbt-community.html

▼3 https://globalvoices.org/2016/09/24/convicted-of-sexual-assault-elite-japanese-university-students-get-suspended-sentence/

▼4 https://unseenjapan.com/keio-university-rape/

▼5 https://www.youtube.com/watch?v=KBwT6TRqCr0

▼6 https://tomorrowgirlstroop.com/notsurprised

▼7 山本潤「刑法性犯罪規定改正に向けて～あなたが受けたのは「性被害」だと分かる社会にするために」『情報・知識&オピニオン imidas』二〇一九年一〇月一八日　https://imidas.jp/jijikaitai/f-40-190-19-10-g788?fbclid=IwAR1uQ9r6vLvQIhmf6IwcIiNnc0MWjuAG4NOEvF2MZoox7p_w8ngef67Kdxs

▼8 Art Managers Lab「【講座レポート】弁護士と考えるアートとハラスメント～誰も苦しくない「アート業界」をつくるために～」note、二〇二〇年一一月一日、https://note.com/art_managers_lab/n/n2121cb922df4?fbclid=IwAR2U-UJbr8yDrajiI0fmQL5JvfnnJCjyvOx-GIcqNZlQEfAGzSHNw14rKEs

▼9 表現の現場調査団「ジェンダーバランス白書２０２２」https://www.hyogen-genba.com/gender

▼10 美術評論家連盟「ハラスメント防止のためのガイドライン」二〇二二年七月一一日　https://www.aicajapan.com/ja/guideline2022/

▼11 Kaori ウェブサイトnote有料記事より https://note.com/kaori_la_danse/n/nb0b7c2a59b65

▼12 萩原弘子「表現・流通・セクシュアリティ――「アラーキー」写真と意味形成の磁場」『現代思想』一九九一年一月号、青土社、一四二－一五七頁

第10回

▼1 二〇一三年、カリフォルニア州グレンデール：http://www.latimes.com/socal/glendale-news-press/news/tn-gnp-me-comfort-statue-20170331-story.html

▼2 『毎日新聞』二〇一九年九月四日
二〇一七年、サンフランシスコ：https://www.washingtonpost.com/news/worldviews/wp/2017/09/21/why-japan-is-losing-its-battle-against-statues-of-colonial-era-comfort-women/?utm_term=.cbad40823983

▼3 「表現の不自由展中止、津田監督を厳重注意処分　判断などで『背信とのそしり免れない』愛知知事」毎日新聞デジタル、二〇一九年九月二五日 https://mainichi.jp/articles/20190925/k00/00m/040/219000c?fbclid=IwAR1zBTZPF5CsRAxiDs_YGwfwLkcTkEEk_NzaRxTvXJJKXrYPYmlAwJ_wPLM

▼4 「あいちトリエンナーレのあり方検証委員会第3回会議録」https://www.pref.aichi.jp/uploaded/life/260246_888183_misc.pdf

▼5 中村宏著、嶋田美子編『応答せよ！ 絵画者　中村宏インタビュー』二〇二一年、白順社、二二七頁

第11回

▼1 清水晶子「ポルノ表現について考えるときに覚えておくべきただ一つのシンプルなこと（あるいはいくつものそれほどシンプルではない議論）」『社会の芸術／芸術という社会――社会とアートの関係、その再創造に向けて』フィルムアート社、二〇一六年

▼2 Aleksandar Hemon on the Problem with Civility, "Fascism is Not an Idea to Be Debated, It's a Set of Actions to Fight" *Litteraly Hub,* https://lithub.com/fascism-is-not-an-idea-to-be-debated-its-a-set-of-actions-to-fight/

"only those safe from fascism and its practices are likely to think that there might be a benefit in exchanging ideas with fascists. What for such a privileged group is a matter of a potentially productive difference in opinion is, for many of us, a matter of basic survival."

▼3 小倉利丸と要由紀子の対談　https://www.youtube.com/watch?v=CaMSnlmNa3g

▼4 "From a 'São Paulo Jewish collective': Frankfurter Allgemeine Zeitung's False Rumors about documenta and Anti-Semitism" https://www.e-flux.com/notes/480764/from-a-so-paulo-jewish-collective-frankfurter-allgemeine-zeitung-s-false-rumors-about-documenta-and-anti-semitism

第12回

▼1 伊藤詩織　https://www.huffingtonpost.jp/entry/shioriitometoohufftalk_jp_5cb68528e4b0ffefe3b8b9fe

▼2 https://gooddo.jp/magazine/poverty/woman/

▼3 https://gooddo.jp/magazine/poverty/senior_proverty/

▼4 いちむらみさこホームページ

▼5 https://news.yahoo.co.jp/byline/iijimayuko/20201207-00211302

▼6 https://tomorrowgirlstroop.com/english-home-stacks#english-home-1

▼7 https://backandforthcollective.wordpress.com/quiet-dialogue/about/

▼8 https://note.com/htoh

▼9 https://news.yahoo.co.jp/byline/hantonghyon/20151116-00051523

▼10 https://bunshun.jp/articles/-/11620?page=2

▼11 井出文子「矯風会と青鞜社」『歴史公論』5巻12号、雄山閣、一九七九年

まとめ

▼1 畑あゆみ「世界の「ノイズ」に触れる〜子どもたちと国際映画祭」『ネットTAM』トヨタ・アート・マネージメント https://www.nettam.jp/society/society/3/?fbclid=IwAR1AeNPz_4WzIwo3gRPM02QcFkODF-8P1GnzWSafCmWeMdMRCh_Y1yucPCI

そのほか参考になる文献とサイト

清水晶子「ポルノ表現について考えるときに覚えておくべきただ一つのシンプルなこと（あるいはいくつものそれほどシンプルではない議論）」『社会の芸術／芸術という社会——社会とアートの関係、その再創造に向けて』フィルムアート社、二〇一六年

https://www.vogue.co.jp/change/article/words-matter-cancel-culture
https://www3.nhk.or.jp/news/html/20220504/k10013610921000.html
https://ashitashoujo.com/post/13003155492/kenkai
https://liberal-arts-guide.com/radical-feminism/
https://wezz-y.com/archives/43045/2
https://crowclaw-2.hatenadiary.org/entry/2021/10/18/183055

図版一覧

【著者紹介】

嶋田美子（しまだ・よしこ）

アーティスト、60–70年代オルタナティブ文化研究。1982年米国スクリップス大学卒。2015年、英国キングストン大学より博士号（美術史）取得。作品テーマは第二次世界大戦の文化的記憶とジェンダー。作品は、2017年ソウル市美術館「Asian Divas」展、2019年あいちトリエンナーレ「表現の不自由展、その後」、同年MQウィーン「Japan Unlimited」展など国内外で展示されている。主な論文、著作に“Matsuzawa Yutaka and the Spirit of Suwa”［「松澤宥と諏訪のスピリチュアリティ」］（*Conceptualism and Materiality,* Brill, 2019）、“The Undercurrent of Art and Politics in the 1960s: On Gendai Shichosha”［「現代思潮社・美学校」］（*The Red Years,* Verso, 2020）、『応答せよ！絵画者　中村宏インタビュー』（編著、白順社、2021年）など。2017年より東京大学教養学部非常勤講師として戦後日本の美術、政治、フェミニズムについて講義。

著者…………嶋田美子

印刷／製本……モリモト印刷株式会社
編集／制作……有限会社閏月社

おまえが決めるな！
東大で留学生が学ぶ《反＝道徳》フェミニズム講義

2023 年 4 月 15 日　初版第 1 刷印刷
2023 年 4 月 30 日　初版第 1 刷発行

装幀……李舟行

発行者…………徳宮峻
発行所…………図書出版白順社　113-0033　東京都文京区本郷 3-28-9
TEL 03(3818)4759　FAX 03(3818)5792

 ISBN978-4-8344-0291-9